环境友好型农业
国际经验借鉴

Environment-friendly Agriculture Learning
From International Experience

管大海 严昌荣 李园 主编

中国农业出版社

图书在版编目（CIP）数据

环境友好型农业国际经验借鉴/管大海，严昌荣，李园主编. —北京：中国农业出版社，2016.11
ISBN 978-7-109-22211-3

Ⅰ．①环… Ⅱ．①管…②严…③李… Ⅲ．①农业技术–国际交流–中国②农业技术–国际合作–中国 Ⅳ．①F323.3

中国版本图书馆CIP数据核字（2016）第242479号

中国农业出版社出版
（北京市朝阳区麦子店街18号楼）
（邮政编码100125）
责任编辑　张德君
文字编辑　张雯婷

北京中科印刷有限公司印刷　新华书店北京发行所发行
2016年11月第1版　2016年11月北京第1次印刷

开本：700mm×1000mm 1/16　印张：8.75
字数：152千字
定价：40.00元
（凡本版图书出现印刷、装订错误，请向出版社发行部调换）

编写人员

主　编：管大海　严昌荣　李　园

副主编：张　俊　赵　润　黄　波　张艳萍　徐长春

编　者：宋振伟　习　斌　薛仁凤　王卿梅　朱宏宇

　　　　黄　洁　薛　琳　李成玉　李俊霖　杨午滕

　　　　刘　勤　何文清　靳　拓　周　玮　张艳萍

　　　　冯海平　石祖梁　王　晔　任宗杰　李　君

　　　　颜冬冬　黄　斌　刘　灏　董晓霞　渠清博

　　　　任天志　杜会英　高文萱　张克强　田宜水

　　　　李　虎　董　环　张卫锋　赵　欣　王　利

　　　　张钰石　贾　涛

前
Foreword
言

　　转变农业发展方式是当前和今后一个时期我国加快推进农业现代化的根本途径。2016年中央1号文件中指出"在资源环境约束趋紧背景下，如何加快转变农业发展方式，确保粮食等重要农产品有效供给，实现绿色发展和资源永续利用，是必须破解的现实难题"。破解这个难题，就要进一步推动农业发展由数量增长为主转到数量质量效益并重上来，由主要依靠物质要素投入转到依靠科技创新和提高劳动者素质上来，由依赖资源消耗的粗放经营转到可持续发展上来，走产出高效、产品安全、资源节约、环境友好的现代农业发展道路。

　　为深入落实中共中央、国务院《关于落实发展新理念加快农业现代化 实现全面小康目标的若干意见》，加强资源保护和生态修复，推动农业绿色发展，农业部提出到2020年，我国农业要实现"一控、两减、三基本"的目标。即在确保农产品有效供给的前提下，控制农业用水总量；减少化肥、农药使用量；实现化肥、农药用量零增长；基本实现畜禽养殖排泄物资源化利用，病死畜禽全部实现无害化处理；基本实现农作物秸秆资源化利用，秸秆露天焚烧现象得到有效控制；基本实现农业投入品包装物及废弃农膜有效回收处理。这一目标的实现，不仅要靠农业政策革新，也需要技术创新。

　　资源浪费、环境恶化、生产力退化等问题，不是我国农业生产特有的问题，国际上许多国家都曾经或正在面临同样的严峻挑战。为了实现生产与生态的协同，一些发达国家不仅在制度、政策和运行机制等方面，制定并实施了一系列新措施，而且充分利用现代生物学、信息学和新材料等技术，建立了许多成功的农业资源高效利用和废弃物资源化利用的技术与生产模式。"他山之石，可以攻玉"。借鉴国际成功经验，总结国外失败教训，可以为我国现代农业可持续发展提供科学依据。所以，我们急需加强国际交流与合作，积极学习和借鉴国际社会关于资源利用和环境保护工作的成功经验、先进技术和管理制度。为此，本书作者在认真查阅现有相关文献的基础上，结合国际学术交流和生产调研，分别从控水、节肥、减药和畜禽粪便、秸秆、农膜资源化利用六个方面，系统介绍了国外环境友好型农业相关的政策和技术及经验模式，并针对我国农业发展问题，提出了相应的政策及技术建议，以期为从事环境友好型农业的行政管理和技术推广人员提供帮助，并为高等院校和科研院所从事相关行业的研究人员提供参考。

本书在广泛征求相关专家意见的基础上，经过多次讨论和修订后定稿。由于编者水平有限，编写时间紧迫，书中难免会有缺点和错误，谨请读者多提宝贵意见。全书撰写过程中得到了农业部农业生态与资源保护总站王全辉研究员、中国农业大学陈阜教授、中国农业科学院作物科学研究所张卫建研究员、中国农业科学院作物植物保护研究所曹坳程研究员、农业部环境保护科研监测所张克强研究员、中国农业科学院农业资源与农业区划研究所毕于运研究员等专家的悉心指导。在本书出版之际，对所有贡献者表示诚挚的感谢。

编　者

2016年5月25号

目
Contents
录

01／第一章 概 述

　　农业是国民经济的基础产业与战略产业，实现农业生产的资源高效利用与生态环境改善，是保障国家粮食安全和农业可持续发展的必然选择。当前，我国农业正处于转型时期，一方面我国水土资源总量和人均资源均相对短缺，耕地质量总体不高，且后备耕地资源不足，资源约束日益趋紧；另一方面，我国农业生产仍然没有摆脱"高投入、高消耗、高污染、低效益"的粗放式生产，在实现农业持续增产的同时，也出现了一系列的资源环境问题，如大量化石资源消耗、化学投入品施用过多、资源利用效率不高以及环境污染问题严峻等。着力转变农业生产、经营和资源利用方式，增加农业发展的可持续性，把改革创新作为农业发展的根本动力，并推动由数量为主转到数量质量效益并重上来，走高效、安全、绿色发展之路，便成为了推进农业现代化的必由之路。2015年5月，农业部等八个部委共同发布《全国农业可持续发展规划（2015—2030年）》，提出"加快发展资源节约型、环境友好型和生态保育型农业"，切实转变农业发展方式，从依靠拼资源消耗、拼农资投入、拼生态环境的粗放经营，尽快转到注重提高质量和效益的可持续集约经营上来，对确保国家粮食安全、农产品质量安全、生态安全、农民持续增收和农业可持续发展意义重大。同时，在全球范围内食品安全性和农业的可持续发展也受到了越来越多的关注，各国政府在致力于提高农业产出的同时，也在大力发展机农业、生态农业、低碳农业等环境友好型农业。在此背景下，系统梳理国外发达国家环境友好型农业发展历程，对比分析其主要政策措施与技术模式，总结成功与失败宝贵经验，可为完善和促进我国环境友好型农业的发展提供参考与借鉴。

1.1 我国农业生产面临的资源与环境问题

1.1.1 我国农业取得的成就

近几十年来，我国政府将解决"三农"问题作为国民经济发展的重中之重，通过不断出台与强化各项惠农政策，为农业和农村经济的发展创造了良好的环境。经过长期不懈的努力，我国农业生产与发展取得了令世瞩目的成就。2014年我国粮食总产量达到6.07亿t，连续两年稳定在6亿t以上（图1-1）。棉油糖、果菜茶、肉蛋奶、水产品等也有了稳定发展。据统计，2013年，我国棉花、肉类、禽蛋和牛奶的总产量分别达到629.9万t、8 535.0万t、2 876.1万t和3 531.4万t，与2000年相比，分别增加了42.6%、41.9%、31.8%和326.8%。同时，农业机械化水平大大提高，全国农业耕种收综合机械化水平已超过61%；农业种植结构逐渐优化，粮食作物种植面积有所降低，油料作物、棉花、糖料作物、药材、蔬菜和瓜果类等其他作物类型则齐头并进；农民人均收入增加，生活水平明显改善，2013年，农村居民家庭人均收入达8 895.9元；多功能农业迅速崛起，休闲农业、生态农业等发展成效显著。

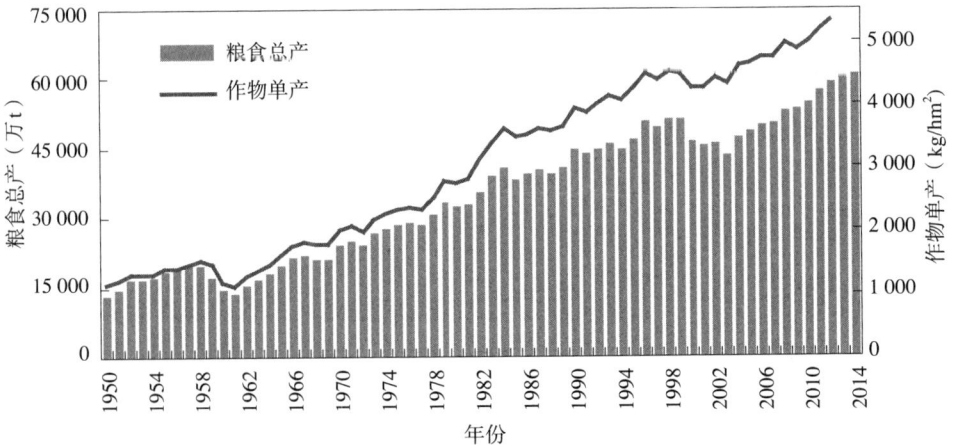

图1-1 1950—2014年我国粮食总产与作物单产

注：粮食总产指农业生产经营者日历年度内生产的全部粮食数量。按收获季节包括夏收粮食、早稻和秋收粮食，按作物品种包括谷物、薯类和豆类。

（国家统计局）

1.1.2 我国农业生产付出的资源与环境代价

虽然我国农业发展取得了巨大进步，但在发展过程中仍存在诸多问题。我国水土资源总量丰富，位居世界前列，但人均占有量却远远低于世界水平。至2012年末，我国现有耕地面积20.27亿亩[*]，位居世界第三位，但人均耕地面积仅1.52亩，且受工业化、城市化发展的加速、农业产业结构调整、生态退耕、自然灾害频发和非农建设占用等影响，我国耕地面积仍在逐年减少。为了满足人们的生活需求，高投入高产出的农业生产方式发展迅速，并在一段时期内缓解了我国粮食安全问题。但这种以追求产量为核心，不计成本和资源环境代价的农业发展方式带来一系列的资源环境问题：过量的化学用品投入导致了土壤质量下降、水体污染加剧和农业生态系统破坏；高投入带来的高产出，转变了传统的作物种植模式，种植结构趋向单一化和优异种质资源利用被淡化或消失。另外，在保障粮食安全的同时，高投入高产出的农业生产模式造成了资源消耗过高、过快，资源有效利用率降低，农业发展与资源环境的矛盾日益加剧，严重限制了农业现代化的发展。具体表现在以下几方面：

（1）水资源紧张

我国多年平均水资源总量为28 124亿m^3，但我国人均占有水资源约为2 200m^3，属世界上13个缺水最严重的国家之一。有预测表明，由于人口的增长，至2030年我国人均水资源占有量将降至1 800m^3。农业用水总量占水资源比重较高，自1997年以来，我国农业用水量占全国用水量的60%～70%。但我国农业水资源利用效率较低，只有30%～40%，远低于发达国家的70%～80%。我国粮食作物平均水分生产率为1.0kg/m^3，发达国家则可达2.0～2.5kg/m^3。同时，因我国水资源分布不均导致的局部干旱等问题也是我国农业减产的主要原因之一，因此，如何提高水资源利用效率，发展节水农业逐渐成为我国农业的主攻方向之一。

（2）化肥农药过度消耗，环境问题突出

在绿色革命和科学技术的推动下，中国用占世界7%的土地养活22%人口，但同时也以占世界9%的耕地消耗了世界35%　左右的化肥和农药。研究表明，19世纪50年代我国粮食产量与化肥使用量之比为40：1，到2010年则仅为13：1，粮食产量增幅达260%，但化肥的增幅却高达1 100%，明显大于产量的增加幅度（图1-2）。不仅如此，我国化肥利用率仅为30%～35%，显著低于

---

[*] 亩为非法定计量单位，15亩＝1hm^2。

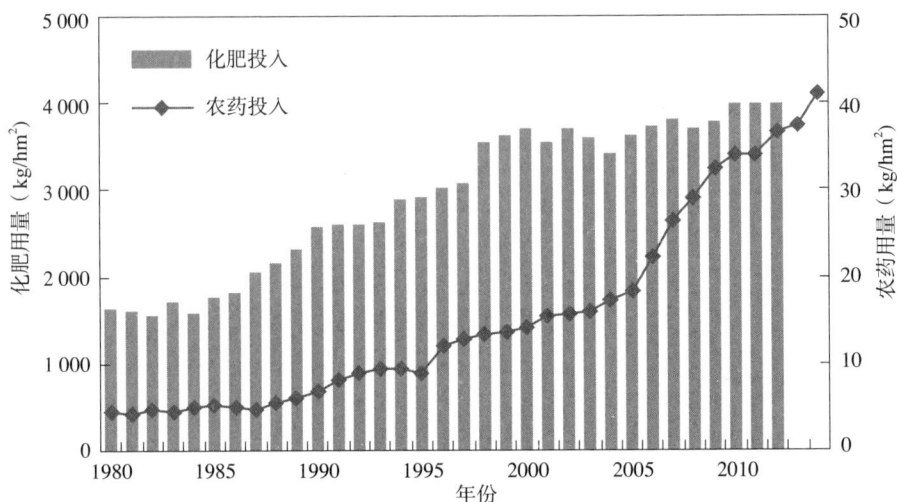

图1-2　1980—2010年我国化肥折纯用量与农药投入情况
（国家统计局）

发达国家50％的水平[1]，受报酬递减规律的影响，随时间的推移、化肥增产的作用还将呈现出边际效率递减的趋势。农药化肥的过量使用带来了一系列的严重后果：资源过度消耗，能源短缺加剧；土壤板结，耕地质量下降；农业面源污染，水环境破坏等。同时，过度依靠增加化肥、农药投入来实现粮食的增长这种生产模式正逐渐受到资源环境和生产成本的约束。要实现粮食安全与资源环境的协调发展，实现农业的可持续，则必须改变这种高投入、高消耗、高浪费、低效益的生产现状。

（3）农业环境污染问题突出

农田土壤受化肥农药过量使用和污水灌溉等多种因素影响，我国局部地区出现了农作物减产、品质下降等问题。根据第一次全国污染普查公报，2007年全国农业源中化学需氧量（COD）排放达到1 320万t，占全国排放总量的43.7％，农业源总氮、总磷分别为270万t和28万t，占全国排放总量的57.2％和67.4％。目前，我国的农业环境污染主要来源于以下几个方面[2]：因农药化肥过量使用造成的面源污染。2015年我国农药使用量已达32万t；农田秸秆产出量大，秸秆焚烧、随意堆放导致的大气污染和灌溉水污染；畜禽养殖及其污染物排放，畜禽粪污带来的化学需氧量（COD）占农业面源污染的比重高达90％；农用地膜的大量使用和残留。

（4）农业生产成本增加

近10年来，我国农民收入从2003年到2012年，农民人均纯收入由2 622元增长到7 917元，年均增长率达13.07%，其中，以非农收入增长为主，农业生产收益率则呈现出下降趋势。由于能源短缺和资源受限，国际和国内化肥、农药的销售价格持续上扬，农用化肥、农药、农膜等生产资料成本居高不下，农资投入不断增加，直接影响了种田的经济效益和农户的积极性。据统计，种子、化肥、农药、农膜、机械作业、排灌、土地租金、劳动力等成本，占总成本80%以上。因此，农村出现大批量农民进城务工的现象，导致不少农田撂荒，无人问津，造成土地资源的严重浪费。

（5）气候变化加剧

高投入、高消耗的高碳农业已成为温室气体排放的重要来源，在一定程度上推动了全球气候变暖的趋势。据统计，全球范围内的农业CH_4排放量占人类活动产生的CH_4排放总量的50%。2007年中国发表的《气候变化国家评价报告》[3]指出，未来我国气候变暖速度将进一步加快，预计到2020年，我国年平均气温可能增加$1.1 \sim 2.1$℃，2030年增加$1.5 \sim 2.8$℃，2050年将增加$2.3 \sim 3.3$℃。中国科学院院士秦大河表示，气候变暖将会导致农业的减产，据估算，到2030年，我国三大作物（小麦、水稻、玉米）将会减产5%～10%，农业布局和结构发生变化，加剧病虫害的发生，增加农业成本。

现代农业高投入发展模式已导致资源和能源的过度消耗，使农业发展处于一种"资源过度利用→生产力低→资源过度利用"的恶性循环中，能源危机、水资源紧缺、土地资源退化、生物多样性减少及其带来的温室气体排放增加等一系列问题日益突出。为了实现农业生产与资源、环境三者的友好发展，实现农业发展的可持续，急需开展以发展优质、高产、高效、生态、安全为目标，依靠技术创新和政策创新来转变农业生产方式，提高资源利用效率和保护环境，以满足粮食安全和农产品供给的可持续农业发展综合生产体系。

1.2 环境友好型农业的内涵与特征

1.2.1 环境友好型农业的内涵

环境友好型农业是进一步利用和完善传统农业中物质循环、养分循环利用技术，将生物多样性利用、立体种植、时空布局、用养结合、地力常新等可持续可循环技术应用到现代集约化农业建设体系中，用现代先进技术和理论指导可持续的农业生产。环境友好型农业是符合可持续发展理念的农业，即管理和保护自然资源基础，调整技术和机制变化的方向，以便确保获得并持续地满足目前和今后世世代代人们的需要；是一种能够保护和维护土地、水、动物资源、不会造成环境退化，同时在技术上适当可行、经济上有活力、能够被社会广泛接受的农业[4]。

环境友好型农业本质是以高产、优质、高效、生态、安全的现代农业为目标，破解资源高效节约和保护环境两大瓶颈制约和突出矛盾的制约，逐步发展微观主体（农业和企业）层面的清洁生产、园区层面的农业生态园以及区域层面的美丽农村建设，建立技术创新支撑体系和制度创新保障体系，提高土地产出率、资源利用率和劳动生产率，增强农业抗风险能力、国际竞争能力和可持续发展能力，为保障我国粮食安全、农产品安全有效供给和可持续发展奠定基础[2]。

1.2.2 环境友好型农业的特征

环境友好型农业首先应当遵循资源投入节约化、废物利用最大化、污染排放最小化和农业生态经济系统最优化四大基本原则，有效利用农业的物质循环机能，协调其生产性能，减轻由化学肥料、农药使用造成的环境压力。主要包括几方面特征：

（1）集多方协调性、持续性为一体

农业生产经营活动和农民生产要以人与自然和谐共存为最高准则，在提高劳动生产效率的同时，不能以牺牲资源和环境为代价；要保护和合理开发利用农业赖以发展的土地、水、森林和物种等资源；要有效控制农业环境污染、水土流失等环境恶化问题，提高生物的多样性；不仅要提高农业产出、产品质量和经济效益，更要将社会进步、保护资源和环境统一起来。

（2）农业技术高度集中

环境友好型农业发展是一种通过科学技术创新将农业增长方式由资源、环境消耗型的粗放式经营转到依靠科技进步和提高劳动者素质上来，其主要包括：立体种养技术，即通过协调作物与作物、作物与动物之间，以及生物与环境之间的关系，充分利用自身条件提高资源的优化配置；有机物质多层次利用技术，即通过最大幅度的提高物质及能量的转化利用效率，如畜禽粪便综合利用和秸秆综合利用等，实现有机物质的循环利用；生物防治病虫害，即利用生物措施及生态技术有效控制病虫草害的发生，通过轮作、间套作、调整生育期等种植制度控制病虫草害；再生能源开发技术，如沼气发酵技术、太阳能利用技术及风力、地热等新能源的应用等。

（3）资源节约与可持续并重

环境友好型农业的发展在很大程度上要实现土、肥、水、药和动力等投入的高效化，协调我国农业发展与资源环境之间的尖锐矛盾和冲突，克服资源与环境两大瓶颈约束。通过提高资源利用效率来降低资源投入的强度，减少进入农业生产系统的物质流、能量流和废物流，实现农业生产减量化、清洁化和循环化，使农业生产保持在资源环境和生态环境承载力范围内，改善生态，提高环境质量，实现农业的可持续发展。

1.3 国外环境友好型农业发展过程

随着人们生活水平的提高，食品安全性和农业的可持续发展在全球范围内受到了越来越多的关注。各国逐渐在提高农业产出的同时，有效地节约了资源和保护了生态环境，使有机农业、生态农业、低碳农业等环境友好型农业模式得到了快速发展。作为环境友好型农业的重要组成部分之一，国外在有机农业和低碳农业方面进行了一系列的政策制度创新与技术研究，许多先进经验值得我国学习和借鉴。

1.3.1 美国

美国在环境友好型农业方面的相关研究与实践较早。1945年罗代尔出版了《堆肥农业和园艺》一书，结合在自己有机农场中的实践，指导人们如何利用自然生物的方法把土壤培育得更健康，从而生产出更健康的食物。此后土壤学家威廉姆·奥尔布雷克特于1971年提出了生态农业的概念，并把生态学的原理应用到了有机农业当中。但美国直至能源危机出现，才开始对有机农业产生重视，经1990年美国国会通过有机农业法案后，到2005年其有机耕地数量达到164.1万 hm^2，有机市场的销售额达到149亿美元，除了法律法规，美国政府还制定了一系列的政策措施来扶持有机农业。目前，美国已成立了一套完全不用或基本不用人工合成的化肥、农药、生长素，禁用经基因改良的作物品种、城市污泥及辐射技术的有机农业生产体系。在可持续农业研究与推广方面，美国在1988年提出"低投入可持续农业"（LISA）计划；在1990年将LISA更名为"可持续农业研究和教育战略"（SARE），同年又提出"高效可持续农业"（HESA），上述几个概念强调在保证必要农用物资投入的前提下，建立一种以高效产出为核心，以科学技术进步为推动力的农业生产体系，逐步探索出以环境保护为主要目标的可持续农业发展道路，形成了科学合理的农作物轮作种植模式、种植业与畜牧业相结合的综合经营模式、以生物防治为主的病虫害综合管理模式、以垄作、免耕为标志的保护性耕作模式、以减控面源污染为目标的养分管理政策等[2]。上述可持续农业的模式通过与现代农业技术相结合，具备普遍的实用性和可操作性，在美国得到了大面积的推广应用，不仅作物产量与资源利用效率逐渐提高，并且生态环境得到了很大改善。

1.3.2 德国

1924年鲁道夫·斯坦纳提出的"生物动力农业"的概念。因为有此基础，有机农业在20世纪60到70年代得到了大力的倡导，2002年德国公布了有机农业法案，有机农业进一步得到了发展。据统计，截至2009年底，德国已拥有21 047个有机农场，总面积94.7万 hm^2，分别占全国农场总数的5.7%，总面积的5.6%。此外，德国是农业资源综合利用水平最高的欧洲国家之一，这主要得益于德国政府大力推广综合型农业生产发展模式以及制定了一系列的法律法规与相关政策。德国综合型农业生产主要包括四个方面：一是综合农业与生态系统平衡，二是综合农业与土壤保护，三是综合农业与水源保护，四是综合农业与经济。围绕综合型农业生产，德国成立了"综合农业促进联合会"，同时制定了一套较为完善的农业生产法律法规体系，如《种子法》《物种保护法》《肥料使用法》《自然资源保护法》《土地资源保护法》《植物保护法》《垃圾处理法》以及《水资源保护条例》等，并且在1991年和1994年公布了种植业和养殖业的生态农业管理规定。上述农业环保法律法规的制定以及实施，使德国农业生态环境得到了明显改善，如氮肥利用效率由1980年的27%上升到了目前的70%以上，耕地质量与粮食综合生产能力显著提升[2]。

1.3.3 英国

英国植物病理学家霍华德于1940年首次提出有机农业的概念，他和同时期的贝弗尔夫人共同致力于有机农业和石油农业的研究，推动了英国有机农业的成长。至1999年，英国有机农场面积达3万 hm^2 左右，后来英国政府采取的一系列行动计划，诸如，向从事有机农业的农户提供政策性补助等，促进了英国有机食品生产和有机农业的发展。到2007年年底，有机农业种植面积达到68.2万 hm^2。除此之外，在欧盟执委会的努力下，制定了新的共同农业政策，为有机农业的发展提供了持续的政策支持。截止到2007年年底，欧盟成员国有机农业种植总面积高达733.0万 hm^2，占全部农业面积4.16%，有机农场的数量达到18.6万户，占全部农场数量的1.28%。有机农业在欧盟得到了快速的发展，目前仍保持着很高的发展速度。

1.3.4　法国

法国是欧洲第一农业生产大国，其农业产值占欧盟农业总产值的22%。随着环保理念深入人心，法国农业逐步走上了生态发展之路。20世纪80年代，法国有机农业在欧洲国家中发展最快，主要表现在有机农产品的质量、有机农场数量以及相关信息技术上。法国"自然和进步"农产品协会于1972年制定了第一批有机农场和农产品标准。1985年有机农业通过立法，政府对有机农产品进行登记，随后1985年生物农业标记的农产品开始投入市场。由于法国政府制定了严格的标准，有机农业在国内及周边国家得到了广泛承认，并成为有机农产品的重要出口国。然而90年代中期，由于有关职能部门发生了更替，法国有机农场数量和面积增长缓慢。而1998年后政府对有机农业的拨款大幅增加，同时农业部颁布了"生物农业发展和促进计划"，刺激和改进有机农产品的生产与销售[5]。2008年，法国政府再次颁布了"生态农业2012规划"，以进一步扩大有机生态农业的发展[6]。目前法国农业部下设6个有机农产品的质量监督机构，负责有机动植物产品生产的批准与监督，法国农业已经逐步走上了生态发展之路。

1.3.5　比利时

比利时是西欧的一个小国，但该国马铃薯、肉类不仅能自给自足，并且还能对外出口，与其大力发展生态农业、注重农业产出效益以及社会效益相结合密不可分。由于比利时政府致力于发展中小型企业，因而该国的农牧企业也以中小规模的家族式农场为主。比利时的农牧业践行"集约化经营"的理念，农作物种植面积从20世纪50年代的70.5万hm^2发展到20世纪90年代的78.6万hm^2，作物总产量从700万t增加到1 100万t[7]。之后，随着人们对环境污染和生活质量的不断重视，比利时通过政府、组织和农民三位一体相结合的模式，共同促进生态农业的发展。首先政府部门大力支持生态农业发展，集中财力对率先发展生态农业的农场主进行扶持，在设备购置、品种选择与改良方面基于贷款贴息与权力下放，确保各地因地制宜发展生态农业；其次科研部门积极组织培训，通过对农场主开展生态种养殖、信息化农场管理技术培训提高集约化程度与资源利用效率；此外，农场主成立农业协会，帮助从事生态农业的生产者建立和完善市场，同时政府也为农业协会的日常运转提供一定数量经费，鼓励农民自发联合，积极开拓市场[8]。上述技术与政策的实施，使比利时生态农业的实效渐显，声望不断提高，并且已经深入人心，展现出美好的前景。

1.3.6 澳大利亚

澳大利亚作为全球面积最大的有机农业国，在国内有机组织推动和国内外消费需求驱动下，澳大利亚政府启动全国食品计划、完善有机农产品销售和监管标准，其农产品竞争优势正在逐步向有机农产品市场延伸。20世纪40年代，澳大利亚有机农业和园艺协会（1944年）、澳大利亚维多利亚堆肥协会（1945年）和塔斯马尼亚生活土壤协会（1946—1960年）是澳大利亚有机农业的先锋组织，也是世界上最早提倡有机农业的组织之一，但由于没有统一的有机标准，这一阶段的有机农业发展较为缓慢。20世纪80年代中期，澳大利亚国家可持续农业协会（NASSAA）和澳大利亚生物农场主联盟（BFA）制定了限于国内市场的有机标准。1990年，澳大利亚成立了有机农产品咨询委员会，其隶属于澳大利亚检验和检疫局，负责编制国家有机和生物动力农产品标准，为私人有机认证机构提供指导。1992年澳大利亚颁布了《有机和生物动力农产品国家标准》，有机农业生产、加工、运输、标签和进口提供了监管框架，并在随后进行了多次修订，重点关注可再生资源的利用、能源节约及环境保护等问题。2003年，有机农产品咨询委员会更名为澳大利亚有机产业出口咨询委员会（OIECC），从而有效改变了澳大利亚有机农业政策。目前，澳大利亚农渔林业部的生产力部分管国内有机产品政策，检疫检验部负责有机产品出口政策，包括有机和生物动力农产品国家标准和出口有机产品认证。近年来，澳大利亚在低碳农业、可持续发展农业、动植物卫生等领域都取得了世界级的科研成果，已经成为世界水资源管理领域的领导者。60多年来，澳大利亚根据不同的气候特征，结合其独特的地理位置优势，主要依赖有机生产和供应商的自律行为，建立了从种植、生产、加工到批发零售及要素投入的有机农产品市场供应链，持续实现了传统农业向有机农业的转轨[9]。

1.3.7 日本

日本环境友好型农业的发展起源于1935年冈田茂吉提出的自然农法，其认为应尽量利用自然环境，与自然协调合作，谋求与自然和谐发展的农业生产方式。1992年日本农林水产省在《新食品·农业·农村政策的方向》中首次提出了环境友好型农业的概念，即充分发挥农业所具有的物质循环机能，在谋求生产效率提高的同时，顾及减轻环境负荷的可持续农业。为此，日本政府采用了舆论宣传、政府补贴、农协引导、生产者和消费者对话等措施来积极推动全国环境友好型农业的建设[10]。

从以上国家国际友好型农业的发展历程来看，环境友好型农业是农业发展的必然趋势，也是现代农业发展的重点所在。按照农业生态系统的特点和规律，因地制宜地建设高产、优质、高效、低耗的现代化农业，大力发展有机农业、生态农业、低碳农业等环境友好型农业发展模式，才是实现农业可持续发展的关键。因此，发展环境友好型农业将有效地促进我国现代农业的可持续发展，并成为我国农业发展的主攻方向之一。

参考文献

[1] 刘晓旺.我国化肥产业结构有待调整[OL].大众网，2014. http: //paper.dzwww.com/ncdz/content/20140603/Articel03002MT. htm[2014-06-03].

[2] 张启发.资源节约型、环境友好型农业生产体系的理论与实践[M].北京:科学出版社，2015.

[3]《气候变化国家评估报告》编写委员会.气候变化国家评估报告[M].北京：科学出版社，2007.

[4] 李吉进.环境友好型农业模式与技术[M].北京:北京化工出版社,2010.

[5] 周立刚.法国的有机农业[J].世界农业，2004 (9):37-38.

[6] 杨海燕.法国的生态农业之路[J].农产品加工·创新版，2011 (7):18.

[7] 明卫华.比利时发展生态牧业启示录[J].当代贵州，2003 (3):39-41.

[8] 徐松.比利时生态农业发展经验及对我国的启示[J].中国财政，2008 (15):60-61.

[9] 谢玉梅，浦徐进.澳大利亚有机农业发展及其启示[J].农业经济问题，2014 (5):105-109.

[10] 宋敏.日本环境友好型农业研究[M].北京：中国农业出版社，2010.

02 / 第二章　国外节水农业政策与技术

2.1 国外节水农业概况

2.1.1 世界农业水资源现状

水是生命之源。地球上的水资源总量约为13.8亿km³，其中97.5%是海水，淡水仅占2.5%，而适宜人类使用的淡水仅占0.01%。早在1972年的联合国人类环境会议以及1977年联合国水资源会议就提出：水危机不久将成为继石油危机之后另一项严重的社会危机。世界银行1995年的调查报告指出：占世界人口40%的80个国家正面临着水危机，发展中国家约有10亿人喝不到清洁的水，17亿人没有良好的卫生设施，每年约有2 500万人死于饮用不清洁的水。

2012年世界水资源报告指出，日益增长的食品需求、快速城市化及气候变化给全球供水造成越来越大的压力。随着世界人口数量的增加，人类对水的需求量与日俱增，全世界1975年用水量为3万亿m³，1994年为4.3万亿m³，2000年为7万亿m³。近几十年来全球用水增长的速度是人口增长速度的3倍，若按此趋势发展，全世界人口增长1倍就意味着用水量增长5倍[1]。2015年8月13日联合国教科文组织公布的《世界水资源开发报告》指出，全球用水量在20世纪增加了6倍，并预测2030年以后世界水资源将供不应求，2050年水资源亏缺将达2 300亿m³，而到2070年水资源亏缺将达4 100亿m³ [2]。

我国是世界上水资源最为短缺的国家之一，2014年我国水资源总量为27 267亿m³，人均水资源量约1 993.5m³，是世界平均水平的1/4。Brown等[3]与梁瑞驹等[4]分别对我国未来的水资源需求进行了预估，其中，对农业用水的估算差异较大[5]（表2-1）。

表2-1 中国水资源需求量评估

单位: 亿m³

部 门	1995年		2030年	
	布朗等	梁瑞驹等	布朗等	梁瑞驹等
生 活	310	428	1 340	1 190
工 业	520	761	2 690	2 222
农业（包括林牧渔）	4 000	4 110	6 650	4 280
总 量	4 830	5 299	10 680	7 692

数据来源: 摘自张启舜[5]。

　　保障国家粮食安全的必然战略选择，就是要大力发展节水农业。农业用水在我国的用水结构中约占60%～70%（图2-1、图2-2），所以构建节水型社会的关键在于如何实现节水型农业。20世纪90年代初期，我国明确提出要发展节水农业。截至目前，不论从实践经验还是从技术支撑机制来说，都还处在试验阶段；而国外发达国家的节水农业发展历史要比我们长，经验比我们多，其技术支撑体系比较成熟，新技术也不断涌现。因此，我们有必要认真总结国外发达国家在发展节水农业方面的政策扶持机制及技术模式的应用。

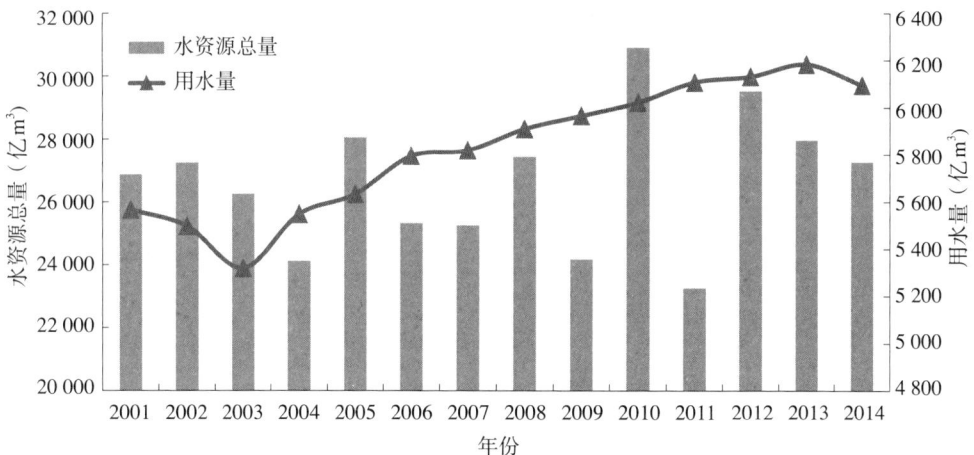

图2-1 我国水资源总量、年用水量（2001—2014年）

注: 水资源总量指当地降水形成的可供开发利用的地表、地下产水总量，而不包括过境水量。在计算中，既可由地表水资源量与地下水资源量相加，扣除两者之间的重复量求得；也可由地表水资源量加上地下水与地表水资源不重复量求得。

（中华人民共和国水利部）

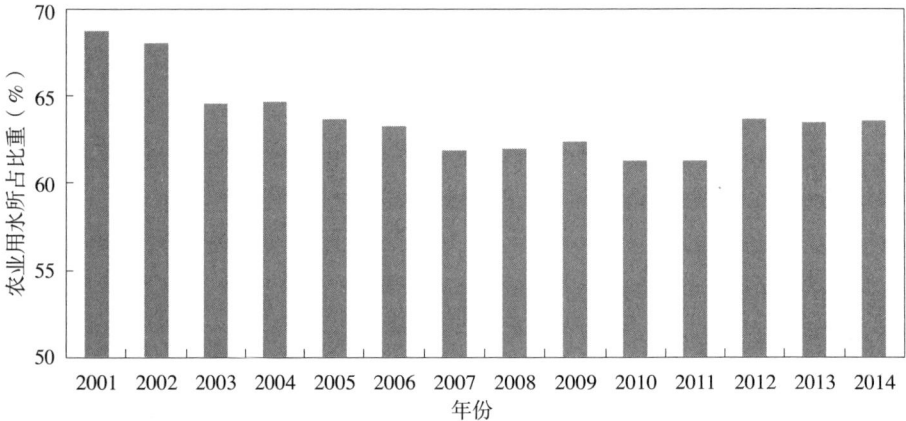

图2-2　我国农业用水比重（2001—2014年）

2.1.2 国外节水农业发展概况

　　全球人口增长与水资源的供需矛盾逐渐加剧。世界各国，尤其是发达国家逐步将节水高效农业作为现代农业可持续发展的一项重要举措。在农业生产实践中，注重提高灌溉（降）水的利用率、水资源再生利用率，将其作为节水生产的研究重点和主要目标。在研究节水农业基础理论的基础上，同时结合生物、信息、计算机、高分子材料等高新技术，提升节水农业技术的高科技含量，建立适合各国基本国情的节水农业技术体系，加快由传统的粗放农业向现代化的精准农业转型的进程。

　　现代节水农业技术是在传统节水农业技术中融入了生物技术、计算机模拟、电子信息、高分子材料等一系列高新技术，具有多学科相互交叉、各种单项技术互相渗透的明显特征。现代节水农业技术涉及的既不是简单的工程节水和水管理节水问题，也不是简单的农艺节水和生物节水问题。从现代节水农业技术的基础理论而言，需将水利工程学、土壤学、作物学、生物学、遗传学、材料学、数学和化学等学科有机结合在一起，以"降水（灌溉）→土壤水→作物水→光合作用→干物质量→经济产量"的转化循环过程作为研究主线，从水分调控、水肥耦合、作物生理与遗传改良等方面出发，探索提高各个环节中水的转化效率与生产效率的机理。另一方面，现代节水农业技术又需要生物、水利、农艺、材料、信息、计算机、化工等多方面的技术支持，来建立适合国情的技术体系。

　　20世纪中叶以来，诸多专家学者大量借助于土壤水动力学、植物生理学的理论、现代数学方法及计算模拟手段，试图从整体上来考虑"水、土、作物、大气"间的互动作用与关系,从而定量描述"土壤、植物、大气"连续体中水分和养分运移的转化过程,以此制定科学的水、肥调控方案。同时,计算机技术、电子信息技术、红外遥感技术以及其他技术的应用,使得在土壤水分动态、土壤水盐动态、水沙动态、水污染状况、作物水分状况等方面的数据监测、采集和处理手段得到长足发展,促进了农业用水管理水平的提高,而高分子复合材料和纳米材料的研制创新正在促使渠道防渗、管道灌溉、覆膜灌溉、坡面集雨等方面孕育着技术上的重大突破。

随着世界性水资源、能源的日趋紧张,采用节水、节能的灌水方法已成为全世界灌溉技术发展的总趋势,推广节水灌溉也已成为世界各国为缓解水资源危机和实现农业现代化的必然选择。近年来,新型地下灌溉被认为最有发展前途的节水灌溉技术,又称渗灌,是一种将灌溉水引入田面以下一定深度,通过土壤毛细管作用,湿润根区土壤,以供作物生长需要的灌溉方式,适用于上层土壤具有良好毛细管特性,而下层土壤透水性弱的地区,但不适用于土壤盐碱化的地区。

2.2 国外节水农业政策措施

2.2.1 国外农业节水政策概况

随着全球农业用水需求加大,水资源的供需矛盾日益加剧,尤其农业灌溉用水占全球用水总量的2/3。为了实现水资源可持续利用,世界多数国家都在积极探索解决水资源短缺的有效途径,美国、日本、以色列、澳大利亚等国家采取了水权改革、水价政策体系制定、政府补贴及相应经济措施等一系列手段(表2-2),在农业节水、提高农业用水效率等方面取得了显著成效。

表2-2 国外农业节水政策概况

国 家	水权及使用权	财政支持
美 国	实行水权较早的国家之一。将水资源财产化;由法律确认或授予水的使用权和处置权;可继承、有偿出售、转让,亦可存入"水银行";实行股份制管理	农场范围内的灌排设施的建设和管理有农场自己负责,水源及渠系等公共灌排设施则由垦务局负责兴建;灌区的防洪、生态等公益性任务、建设投资和运行管理费由政府承担。同时,政府设立专项水利发展基金

（续）

国　家	水权及使用权	财政支持
以色列	根据以色列水法，境内所有水均为国有，由水委员会统一管理。全国统一水价，建立补偿基金进行水费补贴。同时，实行用户用水配额征税筹措，超额用水、加倍付款等措施强化农业用水管理	供水工程投资全由国家负担，供水系统的运行维护费70％由用水者承担，政府负责剩余30％。农场内部灌排设施建设可向政府申请30％补助，也可向银行申请长期低息贷款，由政府担保
澳大利亚、新加坡	水权转让自由，转让价格完全取决于市场，政府不干预；通过征收税费促进节约用水	斗渠以上由政府投资修建，并设专门机构管理，农场内部设施农场主自己负责。管理维护费主要来自所收水费和政府补贴
日　本	明文规定，沿袭灌溉用水，占有优先，禁止水权交易	中央政府负责修建水库、引水坝、干渠等灌排设施，地方政府负责支渠建设，用水者协会负责毛渠建设

资料来源：李含琳[6]，周晓花[7]。

2.2.2 国外农业节水政策措施

由于各国国情不同，水资源条件千差万别，在长期的水管理和节水工作中，各国建立了一系列节水管理体系和措施：

（1）农业用量灌溉成本精确化

世界各国农业节水的实践表明，灌溉计划用水定价已经成功地达到节约用水的目的。同时在许多国家的水政策和战略实施需要某种形式的灌溉服务收费，这些政策涉及灌溉成本回收，特别是恢复操作和维护成本即运维成本，而不同的收费机制对于灌溉成本回收和管理目标的实现也有很重要的作用。目前，国外的水价计费基础主要是依据灌溉面积（可能因作物或季节而异）、水体积、固定单位面积+用水量3种计费方法见表2-3。

表2-3　灌溉水价

国家	地　区	计费基础	美元/1 000m³	美元/hm²
美国	萨克拉门托河	用量	4.9； +11（>80％）； +14（80％~90％）； +16（90％~100％）	—

（续）

国家	地　区	计费基础	美元/1 000m³	美元/hm²
	泰哈马	用量	4.9； +25（>80%）； +48（80%~90%）； +71（90%~100%）	—
以色列	梅科洛特	用量	<50%定额，180美元； <30%，220美元； <20%，290美元	—
日本	全国	面积/水稻	—	246
印度	全国	面积	0.4~1.6（作物而异）	2-8,30（甘蔗）
菲律宾	全国	面积/产量	—	77/年

注：以+11（>80%）为例，表示在以4.9美元/1 000m³的用水基础上，当超过额定用水量的80%时，则按15.9美元/1 000m³（即：4.9+11）来收费；以此类推。

数据摘自吴立娟等[8]。

美国和以色列采用按量计价的方式进行灌溉水费管理，其中美国的萨克拉门托河和泰哈马等地起步用水价为4.9美元/1 000m³，当超过额定用水量的80%时，将大幅提高水价，且该幅度在美国因地而异。日本则是按照水稻灌溉面积进行收费，平均灌溉费用为246美元/hm²。以色列则主要采用配额收费制，对于小于配额50%的农业用水按照正常价格收费（约0.1美元/m³），剩余的50%将提高水费，按照不同的比例进行梯度收费。印度灌溉用水收费主要依据种植作物和其种植面积，不同的作物所收取的水费不同，一般作物收取水费0.4~1.6美元/m³，2~8美元/hm²，而甘蔗由于需水较多，对其收取较高水价，水费高达30美元/hm²。日本因境内水稻种植面积较广，也依据其种植面积的大小来制定水价。

（2）水权交易多样化

节水型农业是节水型社会的重要组成部分。美国、日本、澳大利亚、西班牙、智利等国家通过明确水权和水权转让制度，建立了完善的总量控制与定额管理制度，并结合了法律、工程、经济、行政、技术等措施，逐步达到了节水的目的。

农业用水中的水权，通常是指水量的使用权或所有权。美国是实行水权最早的国家，其水权是由法律确认或者授予的对水的使用权与处置权，属于一种财产权利。该权利可以继承、可以通过水市场进行有偿出售和转让，还可存入水银行。以科罗拉多州为例，20世纪30年代，内务部垦务局在科罗拉多河上修建了库容量达422亿m^3的胡佛大坝，并在下游引水灌溉工程，由联邦政府与各州达成分水协议，进行水权的明确与继承。其中约有84亿m^3水量的伊姆皮里灌区，依据法律将这些水量按照灌溉面积进行分配，切实落入各个地区，这些都极大地激励了用水者[8]。另外，西班牙在水权转化和交易的支持方式上也建立了多样化的法律、政策和保障体系。农户间的水权交易主要通过水市场进行，巴伦西亚地区等还建立了民间水法庭，专门处理民间水权交易纠纷，同时还颁布了《巴伦西亚法典》，对水资源管理机构、水体所有权和使用权以及水权分配、转让、转换都作了详细的说明。

澳大利亚于1994年也执行了一系列的水资源改革方案，其明确提出要建立水市场并明晰水权、允许并鼓励进行水权交易。同时各州签署了《国家水计划2004》作为水管理方面国家级的法律文件，对各州做出了水资源管理的法律约束，制定明晰水权、水市场运作等方面的详细条款。新南威尔州所制定的《水分享计划2004》也对其地表水和地下水作出了供给的可持续管理，规划确定了用水许可证、水交易、水分配等[9]。

（3）政府农业节水投入合理化

各国在推行农业节水的进程中，离不开资金投入。不论发达国家，还是发展中国家，政府对于农业节水多有一定程度的政策和财政扶持。像政府无偿投资、无息或长期低息贷款等。发达国家或地区，政府主动承担水利建设的大部分成本，以规避市场调节失灵。诸如，美国联邦政府为了解决其中西部地区干旱问题，采取了一系列长期的优惠政策，优先进行灌排工程完善，仅在1902年至1991年期间，美国联邦政府通过垦务局完成了将近106亿美元的水利工程补助性投资，其中约20亿美元为灌溉设施的投资；同时，针对一些农场主或农民急需资金的工程和项目，联邦政府在收到农民的申请后，会及时提供长期的无息或低息贷款。农户在还清贷款之后，其产权为农民所有，这样既提高了农民兴建水利工程的积极性，又促使农民管好用好灌排设施。此外，还有一些赠款建设工程和免税等惠民政策。

对于一些发展中国家或地区，则是由政府、民间机构以及农户共同承担水利建设成本。以色列的国家供水工程投资全部由国家负担，对供水系统的运行维护费用，则是由用水者承担70%，剩余部分（30%）则由政府承担。其中，国家负责建设和管理主渠水源和供水，农场内部的灌溉设施建设全部由农场主自己负责。此外，在节水工程建设过程中，若遇到资金短缺等问题，可及时向政府申请不超过总投资（30%）的贷款补助。此外，银行还提供长期低息贷款，由政府给予担保。

日本从中央到地方政府均对灌溉设施、工程给予财政扶持。中央政府主要负责水库、引水坝、干渠等灌溉设施的修建，地方政府主要负责农田供水支渠的修建，而用水者协会负责毛渠的修建。对于灌溉面积达$500hm^2$以上的干渠，由国家兴办，中央承担总投资的66.7%，县承担总投资的23.4%，市、町、村及受益农户只承担余下的10%。若市、町、村和农民无力支付，通常先由政府垫付，工程建成受益后，再分年归还[7]。

（4）农业节水管理主体化

发展中国家大型灌溉工程的运行、维护和管理多由政府部门控制。长期运行以来，政府在工程维护中所需的大量运营和维护费用得不到保障，政策上的不足很容易导致公共设施年久失修，长期无法正常运转和维持。同时，对于用水者而言，因得不到及时、足额的灌溉用水，也对工程的运营和维护漠不关心，致使节水意识无法提高，影响灌区水利用率的提高。基于此，世界各国通过制定有关政策、法规，积极的鼓励用水者更多地参与到灌溉管理中，以将灌区运行和维护责任进行转移，分散承担节水成本，以改进灌溉工程的管理体制与运行机制，提高灌溉用水效率。因此，诸多国家开始将农业节水的灌溉管理主体从国家机构转移到私营机构、非政府组织或以农民为主的组织。面对参与农业节水管理的主体，不同国家有所差异。通常，农户协助农业节水灌溉管理是多数国家最主要的参与形式，像菲律宾、土耳其、墨西哥等，其一般都是以用水户协会形式，自上而下对灌溉工程的运行以及维护进行管理，并且协会性质都是自我服务的合作社性质。

英国于1980年建立了英国灌溉协会（UKIA），由代表英国灌溉行业不同领域的成员代表组成。协会的会员不仅包括对灌溉技术感兴趣的农民，还包括灌溉设备制造商和供应商、顾问、咨询顾问、承包商、政府代表、研究人员、高校员工等。该协会通过提供信息和帮助，进行灌溉设计，优化了安装和管理的知识和能力的标准。此外，该协会组织实地考察，技术研讨会和年度会议。它还积极参与国际灌溉短期课程和培训，并响应政府协商水资源政策和立法。因此，它有助于为会员及时提供全面灌溉信息，利于会员了解并掌握相关知识。

不同于大多数国家，有些国家如澳大利亚和美国，其灌区水管理体制不是农户直接参与管理而是由公司进行运作管理。澳大利亚灌区的水资源管理一般是公司运作，公司结合各州相关的水管理法律性文件以及自身所拥有的水权进行水管理运作。在新南威尔士州专门设立了州水利公司来负责水资源的管理。此公司是新南威尔士州的农村大型水利公司，主要负责管理农村水利设施以及用于灌溉的闸坝，对河道的下泄水量进行闸坝控制。同时，州水利公司还和一些具有河道取水许可证的公司协同负责水秩序。美国在灌区创立注册免税的非盈利公司，公司成员均为用水户，该公司在立法上具有准自治的地位，是一种非盈利组织，主要负责灌溉工程设施运行、维护的财政与管理。由于灌区的规模和其政治影响力，美国垦务局与灌区保持平等合作的伙伴关系，对于灌区董事会会议，垦务局官员都会参加并与灌区交流信息、协商解决问题。

一些国家虽在农业节水方面的政策依据本国自身条件以及政策目标的不同而在水价、水权、政府投入比例等方面有所差异，同时社会成员、公司各参与管理主体的不同运作方式，但这些政策都促使国家农业水资源利用更加规范与合理，推动区域农业的可持续发展。

2.3 国外节水农业主要技术模式

国外大面积运用先进的工业化技术发展节水农业开始于20世纪中叶。现代节水技术实际上已经与信息技术紧密结为一体，在发达国家节水农业技术已经发展成为高新技术产业的有机组成部分[6]。

2.3.1 国外节水农业主要技术

（1）水资源管理技术

①地面集水设施建设。对于半干旱和干旱农业区，需因地制宜地修建各类集水设施，收集雨水和地面径流，以供直接利用或注入当地水库或地下含水层。

②跨流域调水技术。跨流域调水是解决水资源时空分布不均的一种有效途径。但调水工程仍存在一些严重的负效应，如投资过大、移民安置、淹没耕地等引发的一系列社会、经济及不可估量的环境等问题。

③地下水库利用技术。全球地下淡水占全球淡水总储量的30.1%，因此世界各国均非常重视利用地下水发展灌溉。

④劣质水利用技术。劣质水包括工业和生活污水、咸水。以色列处理后的污水利用率已达70%，居世界首位，其中1/3用于灌溉，约占总灌溉水量的1/5。

（2）输水节水技术

对灌溉设施进行优化，降低无效损耗。通过渠道防渗、低压管道输水灌溉、田间灌溉节水及喷微灌等技术，发展高效省水的节水农业模式。欧洲国家先进灌溉技术覆盖面积占灌溉总面积的82%，依靠重力作用灌溉面积较小（约占14%）。目前，喷微灌技术在以色列、美国、前苏联和欧洲一些国家发展比较快，以色列、德国、奥地利三国的喷微灌溉面积占本国灌溉面积的100%。尤其是以色列，因其水资源极度贫乏，十分重视选用节水灌溉技术，喷微灌中滴灌比例已达70%。近年来，国外将高分子材料应用在渠道防渗方面，开发出高性能、低成本的新型土壤固化剂和固化土复合材料，研究具有防渗、抗冻胀性能的复合衬砌工程结构形式。

（3）农艺节水技术

作物的自身特征及生长状况与水分的损耗存在密切的关系。农业生产中，一般采用选育耐旱作物与节水品种，改良耕作方法与栽培技术，推广地面覆盖技术等方式来减少灌溉水分损失。无论灌溉农业区还是旱作农业区，均可通过基因型改良，筛选耐旱作物和节水型品种，发展适合区域的优良作物品种；同时结合配套的耕作栽培技术措施，进行合理的轮耕和轮作模式，来降低土壤水分散失，蓄水保墒；另外，地面覆盖，像秸秆覆盖和有机物覆盖等措施，均可大大降低地表水分损失，同时增加土壤有机质含量。

发达国家由于机械化作业和化肥施用造成土壤结构破坏，引发失墒、水蚀、风蚀，为此推行了各种保护性耕作措施。基本趋向是由多耕转为少耕免耕，由浅耕转为深耕，由耕翻转为深松，由单一作物连作转为粮草轮作或适度休闲。重视水土保持、纳雨蓄墒、以肥调水。在美国，随着高效除草剂和免耕播种机的出现，现代免耕技术已被广泛用于小麦、大麦、棉花、烟草、高粱、大豆、甜菜和饲料作物。目前全美国70%的耕地已取消了铧犁翻耕，免耕种植的面积已占全国粮食作物面积的20%。

（4）化学节水技术

①化学覆盖。化学覆盖是以多分子膜阻碍土壤水气散发，气在膜下聚集凝结使耕层土壤水分含量升高。国外使用农田化学覆盖的有前苏联、美国以及日本、法国、印度、罗马尼亚、比利时等十多个国家，增产效果达到10%～30%。农田化学覆盖材料包括石蜡、沥青乳剂、树脂、橡胶、塑料等，使用方式包括成膜、泡沫和粉末覆盖。

②保水剂。从成分上大致可分为无机、有机和高分子合成物质三类。

③抗蒸腾剂。抗蒸腾剂一般可减少土壤水分损耗40%左右。抗蒸腾剂主要

作用类型包括代谢型、薄膜型和反射型。

（5）生物节水技术

将作物水分生理调控机制与作物高效用水技术紧密结合开发出诸如调亏灌溉、分根区交替灌溉和部分根干燥等作物生理节水技术，可明显地提高作物和果树的水分利用效率。近年来，国内外相继开展了对作物需水量计算方法的大量研究，但这些研究大多以单点的和单一作物的耗水估算为主，在此基础上采用插值法和面积加权平均法确定的区域作物耗水量的精度会受到气象等因素空间变异性的影响。目前的重点是将单点的单一作物耗水估算模型的研究扩展到区域尺度多种作物组合下的耗水估算方法与模型研究上，根据作物及其不同生育期的需水估算，使有限的水最优分配到作物的不同生育期内，为研究适合不同地区的非充分灌溉制度提供基础数据和支撑。

（6）水管理节水技术

为实现灌溉用水管理手段的现代化与自动化，满足对灌溉系统管理的灵活、准确和快捷的要求，发达国家的灌溉水管理技术正朝着信息化、自动化、智能化方向发展。建立灌区用水决策支持系统来模拟作物产量和作物需水过程，预测农田土壤盐分及水分胁迫对产量的影响，根据实时灌溉预报模型，为用户提供不同类型灌区的动态配水计划，达到优化配置灌溉用水的目标。为适应灌区用水灵活多变的特点，做到适时、适量地供水，需对灌溉输配水系统的运行模式和相应的自控技术开展研究。目前，国外多采用基于下游控制模式的自控运行方式，利用中央自动监控（即遥测、遥信、遥调）系统对大型供水渠道进行自动化管理，开展灌区输配水系统的自控技术研究。

2.3.2 国外节水农业典型技术模式

通过大力发展节水农业技术来建立"水资源保障与粮食安全"模式，已经成为许多国家的共同选择。以下是几个具有典型经验的国家情况：

（1）以色列节水模式

以色列沙漠半沙漠地区约占国土总面积的2/3，地表淡水资源主要集中在北部地区。全国淡水资源约20亿 m^3，人均水资源占有量不足370m^3。以色列年均降水量少且分布不均，多年平均降水量北部700 ~ 800mm，中部平原400 ~ 600mm，南部仅20mm[10]。为此，当地政府大力推广节水灌溉技术[11,12]。以色列80%以上的灌溉农田为滴灌，并普遍实行了自动控制系统，按时按量将水和肥料直接送入作物根部。微灌、喷灌技术的主要优点是省水省工，灌水强度、时间、部位、湿润深度、水量都可严格控制，不会产生地面径流和深层渗漏，大大提高了水的利用率，还可节约劳力、能源，改善田间小气候，提高作物产量和质量。目前，灌溉业的主要研究方向是：开发非饮用水资源，如污水、洪水、盐碱水等，保证不断增加农业用水，全国70%的污水经过处理用于农业灌溉。以色列的灌溉面积为22万hm²，农业用水量为12.8亿m³，占总供水量的62%。为了提高灌溉技术和自动控制技术，使灌溉平均利用率达到90%采取的其他措施还有：水量计量、水价政策、灌溉过程的计算机管理和遥控、水肥同步施用。由于采用了一系列先进的节水措施，40多年来，以色列农业用水总量一直稳定在13亿m³，而农业产量却翻了5番，农业产值明显增加（图2-3）。

图2-3　以色列喷灌系统
（管大海，2015）

（2）法国节水模式

法国的水资源总量为1 010亿m³，人均水资源占有量为300m³。法国农业灌溉系统的水源70%是地表水，30%为地下水。灌溉工程的基础建设投资分为两部：一部分是流域蓄水工程和输水工程；另一部分是田间工程。法国农业节水灌溉的方式绝大部分是喷灌，传统的地表水自流灌区因灌水量过大、灌水用工成本高而逐渐被喷灌代替。喷灌系统形式以绞盘式喷灌机为主，半固定式喷灌为辅，机械化程度高，适合法国土地面积大、农业从业人员少的实际情况，采用有计划定量灌水，节省投入，提高作物产量和质量，减少水资源的污染。总的看来，法国农业用水的情况是政府对农业的投入大，重视技术的推广，管理得体，措施有力，值得我们借鉴。法国水管理的特点是由国家、流域管理委员会、水协会和地方水管理公司共同参与管理，建立了良好的灌溉设施，有完善的灌溉服务体系和管理体制。法国灌溉用水管理模式分协作管理模式、区域开发区公司管理模式和单个灌溉工程管理模式三种。

（3）美国节水模式

美国位于北美洲中部，年均降雨量760mm，水资源人均占有量12 000m³，但也存在降雨分布不均的问题。为解决该问题，缓解水资源地区供求矛盾，除了投资修建基础水利设施，通过有偿转让水权等方式鼓励采用农业灌溉节水技术。为了促进现代灌溉农业技术的应用，美国还引入了如下几项措施：一是研究将用虹吸管引水灌溉的灌区改为喷灌、滴灌等现代灌溉的限制条件；二是美国垦务局将自动控制技术用于灌区配水调度，配水效率可由过去的80%增加到96%；三是开展非充分灌溉示范研究；四是开展城镇生活污水灌溉研究；五是进行灌溉农业结构调整，将灌溉农业由水资源紧缺的地区转移到水资源丰富的地区。在美国水资源的开发利用中采取的主要措施包括：保护水源，防止水土流失；水资源重复利用，侧重于对城市污水进行处理，再作为灌溉水源；调节河川径流；选育抗旱品种；引水补给地下水；减少蒸发，应用植物生长调节剂；调整作物种类和市场供应等。当前，美国发展节水灌溉农业主要采用先进的节水灌溉技术和农业技术相结合（图2-4），以取代传统的单一的地面灌溉技术，农田灌溉水的利用效率已达70%～80% [13,14]。

图2-4　美国节水农业
（江瑜，2015）

（4）澳大利亚节水模式

澳大利亚有70%的地区雨量在500mm以下，易发生旱灾。全国地面水源不多，平均年径流量仅有3 454亿m³。虽然地下水丰富，但60%是自流井区，可利用的水源只有176万km²。澳大利亚不断采用新的节水灌溉方法。把12cm

的滴水管埋入地下，把水和肥料溶液直接滴灌在西红柿等作物的根部，不但节省大量水肥，而且可收获90％的优质蔬菜，而传统的灌溉方法最多只能收获到70％，这种灌溉方法使多余的肥料不致污染水渠。又如在果园中，春季落叶时对果树不浇水或少浇水，抑制果树生长，进入夏季则多灌水以促进水果的生长。这种方法使果树长得矮小，不需过多浇水和修剪，但水果产量却增加了。试验表明，可节省用水20％，增产水果20％。多数果园已采用了这项措施。

2.4 国外节水农业经验借鉴

2.4.1 制定合理的农业用水管理制度与政策

当前我国农业节水发展中仍存在诸多问题，如科学统筹规划缺乏，管理体制（包括水资源、灌区管理体制）不适应，投入严重不足，投资政策不合理，水价低、水价政策不到位，技术体系不健全，节水灌溉设备不配套等。因此针对这些问题，我们应从国情出发，以提高农业水效率和效益为中心，以促进农业结构调整，增加农民收入，建立节水高效农业为目标，全面推进农业节水发展，制定战略对策和完善技术措施，不断改善农业生产条件和农村生态环境，以水资源的可持续利用保障农业和经济社会的可持续发展。因此，我国在发展节水农业的宏观政策方面应注重以下几点：

（1）科学规划、合理布局

①制定农业节水发展规划、建设节水型农业，要适应国民经济和社会发展的需要，与农业发展规划、水资源规划和生态环境建设规划等相协调，以农业水土资源的优化配置和高效利用为根本目标，统筹考虑地表水、地下水、土壤水、雨水、灌溉回归水和城市污水等多种水源的开发利用。

②遵循以供定需的原则，以水定产业结构，以水定经济布局，以水定发展速度和建设规模。统筹协调生产、生活和生态用水，做到量水而行。

③坚持因地制宜，根据不同地区的自然经济状况，包括水土资源状况、自然和气候条件、农业生产经营方式、作物种类、经济发展水平等，科学确定农业节水布局、发展方向及发展模式。

④突出重点，讲求实效，分步实施。在区域上，以北方地区特别是以华北和西北地区为重点；在工程建设上，以大中型灌区节水改造工程、节水增效示范工程为重点；在技术上，以普及和推广成熟、适用的节水技术为重点，特别加强推广应用改进地面灌溉技术，同时积极示范和应用现代节水灌溉技术。

（2）建立健全节水投入和管理的支撑体系

①国家资源配置。目前国家对发展农业节水的资源配置力度是远远不够的。根据全面推进农业节水发展需求，应尽快调整国家的资源配置政策，加大向节水型农业的倾斜力度，建立稳定的投入渠道，增加国家专项资金支持，增加贴息额度、延长贴息年限，扩大利用外资等。

②高效管理体系。发展节水型农业，应当实行国家、流域和地区水资源的统一管理。明确各流域机构与地方水利（务）局的关系和职责，实现水资源从上游到下游、从地表水到地下水、从引水水源到排水出口、从水量到水质、从农业用水到城镇和工业用水的统一管理，实现城乡水务管理一体化。以县为单位统一管理地下水资源的开发利用与监测。在地下水超采区（尤其是华北地区），要限制机井密度和单井抽水量，尤其要控制对深层地下水的开采。国家和地方政府投资兴建的农业节水工程，一定要打破地方保护主义，优先选用国家法定质检机构检测合格的产品。建立健全全国节水灌溉材料设备质量监督体系，定期开展产品质量抽查，提高行业和企业的产品质量意识。

③科技创新及产业化。在国家技术资源配置上，要将农业节水关键技术列入国家重点攻关计划，对从事农业节水研发的科研单位和高等院校进行资源整合，充分调动和发挥企业在科技创新中的作用，争取农业节水技术尽快走向国际前沿。为此，在国家中长期科技发展规划及组织实施中，应大力推进产、学、研一体化，优势互补，联合开发新技术、新产品，加快科研成果转化，推动和促进企业技术创新能力的提高。

④高效的技术推广体系。取得农产品高产优质的关键在于农业科研成果的推广，农业技术推广服务体系是联结科研与生产者，把技术转化成生产力的桥梁。科技人员积极参与农业节水规划设计、技术咨询、信息服务、人员培训，允许在转让科技成果、承包经营等活动中参与效益分配。要培训农民和基层技术人员，形成一支能带动广大农民把发展农业节水和增加收入结合起来的骨干队伍。不仅要经常与农户保持密切的联系，还要进行田间试验或与其他研究所或大学的联合科学研究。通过积极调动农民、企业参加农业节水技术推广，逐步形成政府扶持和市场引导相结合的新型农业节水技术推广体系。

（3）完善政府干预和激励机制

①建立政府主导的多元化、多层次、多渠道的农业节水投融资机制。农业节水是一项社会公益性事业，在相当长的时期内，国家在资源配置上特别是投融资上要以政府投入为主，同时充分吸收和利用民间资金和外资等。根据

WTO绿箱和黄箱政策，国家要调整投融资存量和增量结构，全面向节水型农业倾斜。主要包括：

a.各级政府预算内的基本建设资金、财政资金、专项资金、外资等要大幅度地增加对农业节水的投入比例，并根据财力情况适度建立一些专项资金给以特殊支持。如建立国家和省级农业节水发展专项资金，形成稳定的农业节水投资渠道。同时建议开辟新的资金渠道：一是目前城市生活和工业用水主要是从农业用水转移而来的，可从其征收的水费中提取或附加一定比例用于农业节水；二是未来新增的供水量主要是用于城市生活和工业用水，可从每年新增收的水费中提取或附加一定比例用于农业节水。

b.政府银行要对农业节水给与相应的货币支持，积极研究优惠的贷款政策，如加大贴息贷款力度、延长贷款年限。各商业银行也要创新一些专项贷款科目，为农业节水提供优惠贷款。

c.农业节水工程可采取"以奖代补"和"先干后补"等方式，调动乡村和农民投资、投劳的积极性。继续实行"投劳折资"等行之有效的政策，充分发挥我国农村劳动力资源优势，鼓励农民以各种形式投入农业节水工程建设。

d.要充分调动社会资金支持农业节水，如充分利用民间资金、外资及国内外的捐赠资金。

②水资源优化配置与高效利用机制。充分利用天然降水、合理配置、统筹利用地表水和地下水，以提高水资源的综合利用效率。渠灌区要因地制宜地实行井渠结合，引水、蓄水、提水结合；井灌区应以开发利用浅层地下水为主，严格控制深层地下水开采量；在保证防洪安全的前提下，充分利用雨季洪水进行水库蓄水及地下水补给；要高度重视污水、微咸水等劣质水的资源化与合理利用。

③政府扶持、农民和企业参与机制。建立政府扶持和用水户参与相结合，强制节水和利益驱动相结合的农业节水发展机制。政府通过政策引导、资金补助、技术指导、监督管理等多种形式，调动灌区和用水户的节水积极性，鼓励灌区建立用水户合作组织等多种形式，让农民广泛参与农业节水的建设与管理，对节水中的重大问题进行民主协商，使灌区和农民从节水中取得经济效益。

④政府监督检查机制。国务院各有关部门、各级地方政府要加强对农业节水工作的监督检查。各级地方政府要逐级考核农业节水目标任务的完成情况，对在发展农业节水中做出成绩的单位和个人进行表彰、奖励，对严重破坏农业节水设施，违反节水有关规定故意扰乱用水秩序的行为要追究责任。

（4）相关政策及制度完善和调整

①调整农业种植结构。我国粮食生产的结构性剩余和进口量的加大，使我国粮食安全问题有所缓解。为此，应充分利用这一有利时机，积极调整农业种植结构，增加经济作物、林草面积和生态环境用水，在北方缺水地区，要将高耗水作物面积调下来。在未来的几年内，我国人口将突破16亿，粮食安全问题将更加突出，因此，我们有必要作出具有前瞻性的农业种植结构调整计划，以应对因水资源带来的粮食生产受限等问题。

②健全用水与节水管理制度。农业用水要实行"总量控制，定额管理"。要在统筹兼顾生产、生活、生态用水的基础上，尽快明确各地区农业用水总量和灌溉用水定额两套控制指标，作为管理和考核农业用水与节水的基本依据。国务院水行政主管部门负责各大流域用水总量分配，各级地方政府根据分配的用水指标，逐级分解。各地区和用水户要在用水指标控制下节约用水、高效用水。对超定额用水实行累进加价，节约的水允许有偿转让。国家和省级水行政主管部门应加强对水资源分配利用和地下水开采状况的监督检查，及时解决存在的问题。

③完善农业水价政策。完善农业水价对于稳定我国水资源的有效配置具有至关重要的作用。从我国水价的构成上看，工程水价已经进入操作阶段，资源和环境水价尚处于试验研究阶段。农业成本水价政策没能执行的主要原因是农业生产特别是粮食生产和农民收入比较低，一些地区农民难以承受。最近，国家发改委和水利部在调查研究的基础上，制定发布了《水利工程供水价格管理办法》，为理顺农业水价政策提供了依据。各地应当结合实际，尽快建立合理的农业水价形成机制，在充分考虑农民承受能力的基础上，逐步将农业用水价格调整到供水成本，用经济杠杆促进节水。为减轻农民负担又促进节水，建议采取"基本水价与超额累进加价"相结合的水价制度。即在用水定额内实行基本水价（低水价），超额用水部分实行高水价。同时，积极引导农民调整农业结构，发展节水高效农业，以提高农民对水价改革的承受能力。

④优先发展大型节水工程。国家要按照因地制宜、突出重点、分步实施和分类指导的原则，合理地确定一些大规模农业节水工程，选择和采用适宜的技术模式，以带动和促进全国农业节水的发展。根据近年来发展农业节水的经验，建议加快实施大型灌区节水改造工程、农业节水增效示范工程、重点地区农业节水生态保护工程、农业节水技术创新工程等农业节水工程。

⑤工程投资与建设统一化管理。大中型农业节水工程建设应实行统一规划、分级管理。即国家和地方依据农业节水发展规划对农业节水工程建设进行

统一规划和布局，根据工程规模和投资来源等实行分级管理。根据不同地区经济水平和工程性质，合理确定国家、地方和农民的投资比例及工程建设的主体。成立由投资、投劳及建后管理单位代表参加的工程建设管理委员会，对不同来源的资金和投劳实行"捆绑式"统一管理，实行骨干工程与田间工程的整体规划，统一实施，防止因地方配套资金不到位、农民投劳不落实造成的"半拉子"工程。国家和地方政府投资兴建的农业节水工程，应建立健全申报、审批制度，加强监督检查。

⑥建立农业节水法规，提高全民节水意识。全面清理和调整国家法规中不利于农业节水发展要求的条款。有关部门应着手进行《农业节水法》立法的准备工作。各省、自治区、直辖市要依据《中华人民共和国水法》《中华人民共和国农业法》的节水条款制定配套法规，加强取水许可管理，加大行政执法力度，规范农业节水工程建设和管理，促进农业节水工作快速、健康发展。要普及和宣传有关农业节水法规，提高全民节水意识。

2.4.2　加快农业节水技术研发与应用

发展节水农业还应从微观的节水技术方面开展技术引进、消化与吸收。实际上，我国是世界上最早重视和应用节水农业的国家，但与发达国家比较，我国在节水农业的技术进步方面最大的弱点是以国内技术为主、以传统技术为主、以低效率技术为主，引进及引用国外先进技术的空间还很大。国外在节水农业技术方面取得的成功经验对我国现代节水农业的发展有重要的借鉴作用[6, 15-18]。

（1）突破前沿技术

围绕作物生理需水与用水、精量控制灌溉等领域，对现代节水农业前沿技术开展原创性研究。通过对"水、土、植物"关系、干旱条件下植物根信号传输和气孔反应的机制、干旱胁迫锻炼对植物超补偿功能的刺激等问题的研究，带来农业节水原理与技术的创新，促进节水农业新思路的问世和源头高技术的产生，为我国现代节水农业的发展提供基础理论和技术储备。结合我国的实际情况，重点应该研究：一是作物高效用水与生理调控技术。包括作物节水条件下产量形成及可视化的生产模型、不同生态区域内主要农作物非充分灌溉条件下的需水量季节分布和计算模式及不同节水灌溉技术条件下的作物需水和耗水模型、主要农作物调控灌溉的指标体系、主要农作物控制性分根交替灌溉的指标体系等；二是作物需水信息采集与精量控制灌溉技术。包括研究作物对水分亏缺信息的感受、传递与信号传导的过程、建立作物水分信号诊断指标体系、作物水分区域分布监测技术和作物蒸腾过程快速监测技术等；三是农田水肥调控利用与节水高效作物栽培技术。以小麦、玉米、棉花等主要作物为对象，研究不同区域、种植制度、地力基础和水资源状况下主要作物农田养分供应与利用模式，提出不同水分条件下获得最高水分利用效率的水分与养分最佳参数组合。

（2）创新关键技术

要以田间节水灌溉、灌溉用水管理、农艺与化控节水等为重点，适当考虑干旱缺水地区特殊水源的开发与高效利用，研究现代节水农业关键技术，创制一批新型的农业节水新产品与新材料，促进节水农业技术水平的提升，为我国农业节水提供适合国情的实用性应用技术。主要有：一是田间节水灌溉技术。包括研制抗堵、耐用、价廉的微灌灌水器，开发新型微灌过滤器和节能异形喷嘴喷头，研究土地精平标准与激光控制平地技术；二是灌溉系统输配水监控与调配技术。包括研发水分损失小、精度高、抗干扰性强的渠系量水设备，研制具有量水和控制双重功能的取水口量水设施、新型管道量水仪表、适合高含沙渠道采用的量水装置等，开发经济实用的灌区自动化量水二次仪表及设备、井灌区计量与控制用水装置等；三是农艺节水技术。以小麦、玉米等大田作物及林草为重点，应用分子标记辅助选择、转基因、基因聚合技术结合常规育种的方法，创制抗旱节水型、水分高效利用型的优异育种新材料，选育抗旱节水与高产优质相结合型的新品种；四是水源开发与高效利用技术。包括建立区域雨水资源高效利用技术体系和最优开发模式及智能决策系统软件，研发适合旱区应用的新型、高效工程和生物雨水集蓄形式，研究低成本、节能型的微咸水开发利用技术等。在现代节水农业关键技术方面，主要表现在对新技术的研发和对现有技术的升级换代上。

（3）农业结构调整

综合各国节水农业技术发展和应用的实际成果，我国应该从以下几个方面建立节水技术推广运用与农业结构调整的良性循环机制。一是大力推进适应性种植，注重提高生产力和改善生态环境技术同步发展。各国十分重视生态环境的保护和自然资源的持续利用管理，兼顾生产、资源持续利用和环境保护的目标；二是重视农业节水技术的应用，提高内在的增产潜力。充分利用土壤水库的调蓄功能，重视耐旱作物种类及品种的选育和应用；三是以资本替代劳动力，用机械化促进水资源的集约经营。强调生产的规模化、标准化，以提高产品质量和产出，降低生产成本；四是建立综合节水农业技术体系和节水农业的标准化技术产品体系，确保节水技术指标的实现；五是高效的管理体制和运行机制，确保节水技术的实施。

（4）水利项目优先安排

总结国外的经验，建立节水农业的运行模式最关键的技术是水资源的储存技术、输送技术、利用技术三个方面，前提是水利设施建设。从一定意义上看，水利设施是前提，节水是过程，可持续是目标。所以，我国一定要切实加大农业投入，不断开辟新的农业投入渠道，逐步形成农民积极筹资投劳、政府持续加大投入、社会力量广泛参与的多元化投入机制，把加强农田水利设施建设作为现代农业建设的一件大事来抓。这些年，各地建成大量的大中型灌区、泵站、机井、小型水库、塘坝等各类农田水利工程，极大地改善了农田灌溉排水条件。但我们同时也要看到，经过多年的运行，很多农田水利设施超过了设计年限，进入效能衰减期。改善农业设施装备是发展节水农业的重要内容。当前，我们要积极贯彻落实中央有关决策部署，加快大型灌区续建配套和节水改造，搞好末级渠系建设，推行灌溉用水总量控制和定额管理；要扩大大型泵站技术改造实施范围和规模，增加对中型灌区节水改造投入；要加强丘陵山区抗旱水源建设，加快西南地区中小型水源工程建设；要加大病险水库除险加固力度，加强中小河流治理；要增加小型农田水利工程建设补助专项资金规模，引导农民开展直接受益的农田水利工程建设。

参考文献

［1］Biswas A K. Water for sustainable development in the 21st century a global perspective [J]. International Journal of Water Resources Development, 1991, 16 (4): 219-224.

［2］闫翔.世界水资源资料 [OL].中华人民共和国国土资源部, 2010. http://www.mlr.gov.cn/wskt/zykx/201006/ t20100621_722308.htm [2010-06-21].

［3］Brown L R, Halweil B. China's water shortage could shake world food security [J]. World Watch, 1998, 11 (11): 10-16.

［4］梁瑞驹，杨小柳，王浩.中国水资源供需现状和展望 [J].水利水电技术, 1998, 29 (10): 2-5.

［5］张启舜.从国际水问题看我国节水灌溉革命 [J].科技导报, 2000, 18 (8): 51-54.

［6］李含琳.当前国外节水农业技术的新进展及启示 [J].天水行政学院学报, 2011, (4): 3-8.

［7］周晓花，程瓦.国外农业节水政策综述 [J].水利发展研究, 2002, 7 (2): 43-45.

［8］吴立娟，王哲.国外农业节水政策对比分析 [J].北方园艺, 2014 (21): 206-209.

［9］水利部规划计划司.赴澳大利亚水权制度培训报告 [R].2002.

［10］何京.以色列的水资源现状及发展方向 [J].国外水利, 2005 (1): 34-35.

［11］王彦梅.以色列节水农业对我国农业发展的启示[J].农机化研究,2007 (7): 19-21.

［12］郭玮.国外水资源开发利用战略综述[J].农业经济问题,2001 (1): 58-62.

［13］Carey J M, Zilberman Z. A model of investment under uncertainly Modern irrigation technology and emerging markets in water [J]. American Journal of Agricultural Economics, 2002, 84 (2): 171-183.

［14］强宏斌,钱加绪,赵含栋等.美国发展节水农业的经验与启示[J].甘肃农业科技,2006 (3): 38-41.

［15］李里特.节水农业是我国农业发展的必由之路—以色列节水农业发展的启示[J].农业工程学报,1999, 15 (3): 11-15.

［16］李铜山.国外节约型农业发展模式及其启示[J].世界农业,2008 (5): 1-2.

［17］国亮,邵砾群,惠荣荣.基于国外经验的农业节水灌溉技术推广措施分析[J].陕西农业科学,2013, 59 (6): 117-119.

［18］李晓俐.以色列灌溉技术对中国节水农业的启示[J].宁夏农林科技,2014, 55 (3): 56-57.

03/第三章 国外节肥增效农业政策与技术

3.1 国外节肥增效农业概况

3.1.1 世界化肥消费现状

近50多年来，世界化肥（N、P_2O_5、K_2O）的消费量整体上经历了"增长→下降→再增长"三个阶段。20世纪60年代世界化肥消费量3 118万t，之后进入快速增长期（图3-1），1988年达到第1个高峰，化肥消费量达到14 508万t，基本呈直线增长，平均每年增速可达12.7%，增加消费量422万t。1988—1993年尽管东亚地区呈持续增长趋势，但受发达国家化肥需求减少和前苏联解体的影响，世界化肥消费总量进入"下降"阶段，1993年达到低谷，其间消费量每年下降482.3万t，年平均下降幅度达3.3%。1993年之后，化肥消费量进入"再增长"阶段，消费量平均每年增加302.6万t，直至2013年全球化肥总消费量达到18 080.5万t。据国际肥料工业协会第83次会议指出，2015—2019年五年内全球化肥需求量将以每年1.5%~2%的速度增加，2019年将达到19 940万t，其中氮、磷、钾的增速将分别达到1.3%、2.1%、2.4%。

从全球各地区来看（图3-2），20世纪60年代，中西欧、北美、东亚等地区化肥使用量较高，分别占了全球化肥使用量的43%、26%、11%。到20世纪90年代，中西欧、北美等地区率先减少化肥用量，所占世界比重分别下降了约26%、11%，而东亚、东欧和中亚、南亚等地区化肥消费量所占比重则急剧增加，增加幅度分别达16%、8%、8%。至2000年，中西欧、北美继续下降，东亚、南亚等地仍持续上升，此时东欧和中亚地区则采取了一定的技术和政策，降低了化肥使用，所占比重降低了约14%。直至2013年，部分发达国家

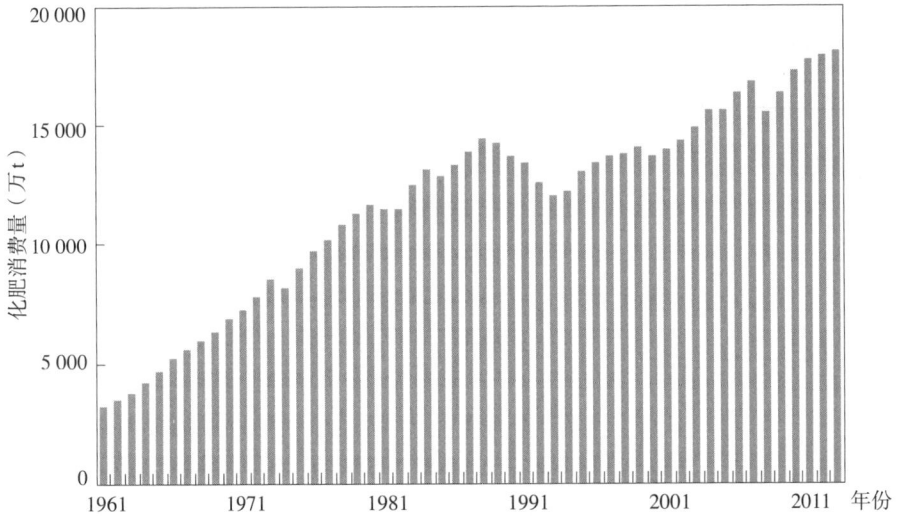

图3-1　世界化肥消费量（1961—2011年）

注：图中化肥消费量为化肥产品的消费量。

（国际肥料工业协会IFA）

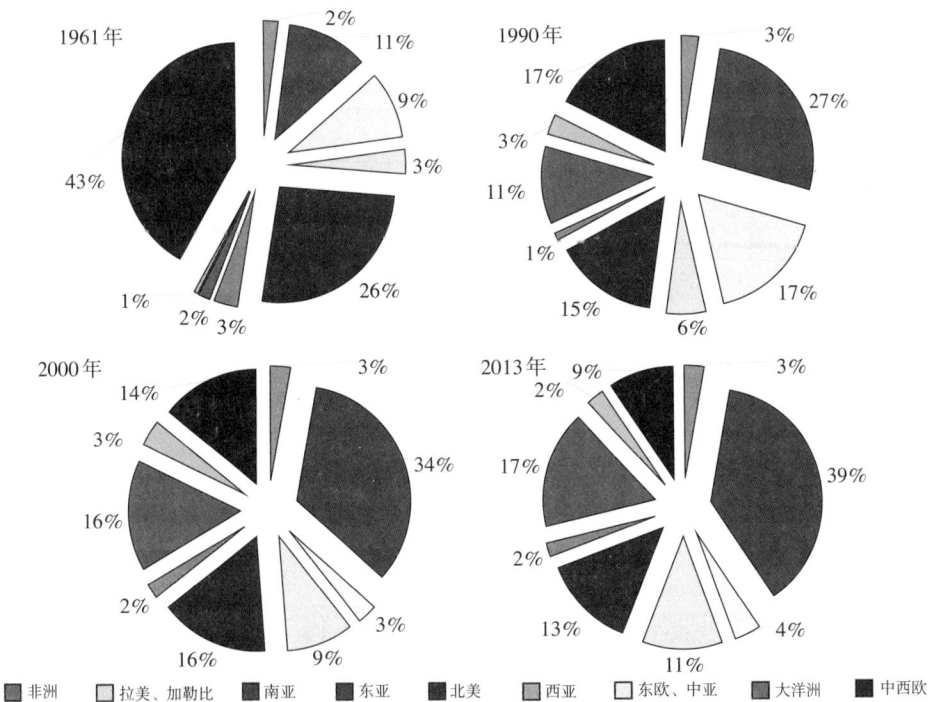

图3-2　全球各区域化肥消费量

注：图中化肥消费量为化肥产品的用量。

（国际肥料工业协会IFA）

通过一定的技术措施和政策，最终大幅度降低了化肥的消耗，中西欧、北美、东欧和中亚地区的化肥使用量分别占全球的9%、13%、4%，而东亚、南亚等地化肥投入则占世界总量的39%、17%。另外拉丁美洲和加勒比等地区化肥使用量则呈缓慢上升趋势，非洲、大洋洲、西亚地区年均消费量占全球比重变化不大，这可能与这些地区消费水平低有关。可见，一部分国家在技术和政策方面所做的努力一定程度上有效地降低了化肥的用量。

3.1.2 国外节肥增效农业发展概况

诸多国家有效地控制了化肥的投入水平，通过统计德国、日本、荷兰、俄罗斯、美国、印度尼西亚等国的历年化肥消费量发现（图3-3），德国、日本、美国、荷兰等国家在20世纪80年代左右化肥用量开始下降，其中美国在下降至1 728.6万t之后，化肥的消耗量基本维持在1 935.1万t左右；日本和荷兰的肥料用量在80年代之后呈稳步降低趋势。对于德国，在1989年之后化肥的消耗量急剧下降，至1993年期间年平均下降44.1万t，年均下降速率达9%，之后呈逐步降低的趋势。俄罗斯的化肥产业受苏联解体的影响，在1990—1993年的4年间化肥消费量急剧减少，之后很长一段时间（1994—2006年）维持在150万t左右，2007年俄罗斯化肥消费量逐步增加，至2013年达241.3万t，该阶段的化肥消费量比1994—2006年增加了约55.0%。

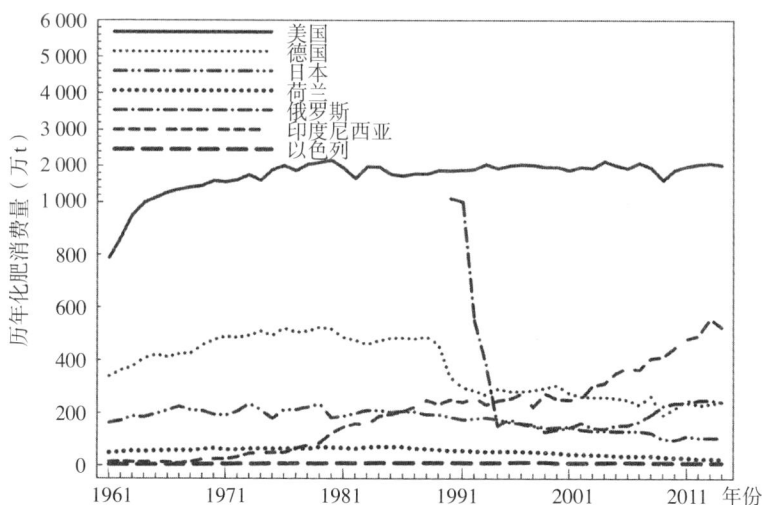

图3-3 典型节肥国家历年化肥使用变化（1961—2011年）

注：图中化肥消费量为化肥产品的用量。

（国际肥料工业协会IFA）

增施化肥确实提高了作物产量，但农户仍倾向于不计生产成本，过量使用化肥，生产效益意识淡薄。世界各国的学者专家已经意识到过量的化肥带来的不仅仅是资源浪费，更多的是土地生产力下降、农田生态系统恶化、碳排放增加等问题。为此，无论从肥料种类的创新和施肥技术的提升，还是农艺农机的大面积推广，诸多国家在减少化肥投入水平、提高化肥利用率等方面进行了不断的尝试和摸索，并且已经形成了许多值得我们学习和借鉴的经验和技术。

3.2 国外节肥增效农业政策措施

目前世界各国已逐渐意识到化肥过量使用在农业上带来的资源利用率低、环境污染严重、农户增产不增收等问题，尽管精准施肥、测土配方施肥及其他施肥技术的应用都在降低化肥用量上取得了一定的效果，但随着施肥技术及其应用推广不断完善，相应配套的农业保障制度和法律法规不完善问题又凸显出来。故此，以美国和德国成功经验为例，介绍国外农业肥料相关法律法规和保险制度中取得的成就。

3.2.1 美国

（1）养分资源管理法律法规

美国农业在高速发展时期，畜牧业和作物生产中养分流失加剧了对水体和大气的污染。1948年，美国制定了《联邦水污染控制法案》，这是美国第一部控制水污染的法律，其提出了国家污染物减排系统（NPDES）和污染物最大日容量。该法案于1977年更名为《清洁水法案》，要求农民必须持有畜禽粪尿、污水排放许可。在美国集约化畜禽养殖背景下，大型养殖场是美国养分管理的关键。NPDES许可证一般由养分管理顾问来制订养分管理计划，该计划自提出后，环境保护署很快倡导其在各州的试行。经过几年的试行取得了较大成功，于2009年被正式列入美国国家标准。另外，农田残留氮素税也是美国联邦政府利用经济杠杆调节养分管理的一种高效利用氮素、防止氮污染的方式[1]。该税是当地政府向农民所购买的氮肥所征收的按价税。在作物收获后，根据作物收获带走氮的数量，农民可得到一定的偿还税款。如果农民施用氮超过带走氮，农民要付纯税；反之，农民将得到补偿。

除此之外，美国于1970年还制定了《清洁空气法案》，法案规定了来自固定源或活动源的气体排放，并授权环境保护署建立国家环境空气质量标准（NAAQS）来保护公共健康、公共福利、控制有害气体的排放。

1970年左右,美国开始在农业资源和生态环境保护方面进行法制管理。到20世纪末,美国提出了养分管理计划,经不断修正和完善,该养分资源管理政策使得水质有了明显改善。关于植物养分管理,主要由各州农业厅和(或)州立大学农学院根据本州的情况独立开展。各州根据美国植物食品管理协会(AAPFCO)的指导性意见和本州农业生产情况、自然条件,尤其是水资源保护要求,形成自己的植物养分管理标准或类似文件。但该标准只是向农民推荐施肥方案,农民自愿选择。如果农户在施肥过程中,因施肥不当造成水源污染,则要接受相应的处罚。各州的植物养分管理工作主要包括土壤养分分析、开展田间试验建立施肥指标体系、向农民推荐施肥方案3个部分,所需经费来自于联邦政府和州政府,承担此项工作的部门每年要向这两级政府报预算。另外,美国一些州还会对销售的化肥每吨征收比例不等的研究费,并形成基金,用于施肥方法研究和技术推广。

各州对于土壤养分分析没有规定统一的方法,而是根据测试项目、土壤pH(酸碱度)或其他条件选择适宜的分析方法。为评价土壤中磷、钾等各种养分含量的高低,以指导科学施肥,各州都根据不同的磷、钾等养分分析方法建立起不同的土壤养分分级指标,一般分为5级:很低、低、中、高、很高。在推荐施肥时针对某种养分在土壤中的含量等级提出不同的施肥量。由于土壤中氮的含量会因灌溉水、温度等自然条件和人为条件而发生很大的变化,一些州在开展用于推荐施肥的土壤分析时,只测定磷和钾,一般每2~3年测1次,如果有机肥用得多,则每年测1次,氮肥推荐施肥量则根据经济效益和产量提出。

为建立合理的施肥指标体系,各州还针对不同的作物种类、轮作模式和耕作模式开展了大量长期肥效试验,有些定位试验已进行30多年。通过田间试验观测土壤养分变化情况和利用情况,为建立合理的施肥指标体系提供依据。同时各州立大学、农业厅之间建立沟通和交流平台,进行数据集资料的共享与分析,不仅降低了工作成本,还提高了工作效率。建立合理施肥指标体系后则需进行推荐施肥方案的编制工作,各州在该过程中都建有计算机推荐施肥专家系统,系统会根据不同情况和基本要素差异进行修正。如新墨西哥州的系统则将土壤养分测定结果、田间试验结果和经济效益分析、环境保护因素等多方面因素综合考虑后制订出推荐施肥方案。农民在当地农技推广部门的指导下,从自己的农场取土,并填写好有关生产情况调查表,由州立大学进行土壤化验分析,之后由当地农技推广部门根据分析结果为其提供推荐施肥方案。

(2)肥料行业管理

美国的肥料管理包括两部分:一部分是政府对肥料行业的管理,主要通过立法、执法来规范、实施；另一部分是对用肥行为的管理，也称养分管理，政府、大学、技术推广机构通过向农民推荐科学施肥技术和有关标准，促进养分的合理应用，达到优化资源配置，保护水土资源和生态环境的目的[2]。

①肥料行业管理。美国的肥料管理制度由肥料法确定。肥料基本均被定义为任何包含一种或多种植物所需养分，被用来满足植物生长需求，能够促进植物生长的物料，而天然的动物粪便和植物残体、泥灰、石灰石、矿渣、石膏等物质除外。AAPFCO在每年出版的年度手册中提出肥料法的基本框架，各州参照这一框架进行肥料法的修订。目前肥料法中主要就肥料登记、标识、检查及相关费用等制度进行了规定。美国进行肥料管理的主要手段就是肥料登记制度。农户采集的相关肥料产品信息均需要进行登记，并且这一数据系统也是进行农业生产监督的主要依据。特拉华等17个州的肥料法均规定，每一品牌、每一等级的肥料和土壤调理剂在分销前都应登记，肥料登记证所载明的登记人名称和地址会被标注于所有标识、售货发票和肥料贮存设备上。同时部分州区还设有免于登记的肥料产品，如马里兰州、新墨西哥州等规定：分销已被登记的品牌、等级的肥料产品无需再次登记；马里兰州还规定根据消费者提供的配方而掺混的肥料无需登记。

肥料标识是肥料监督检查和处罚的重要依据。对于肥料标识制度，17个州的肥料法均规定，分销已包装的肥料产品，必须严格按照包装标识的有关规定，在包装上注明产品净重、品牌、等级、养分含量、登记者的名称与地址等；分销散装肥料，也要按标识规定的内容，在发货的同时向购买方提供印制好的书面资料；按订单配方配制的肥料，仅明示净重、养分含量、登记者的名称和地址。

在肥料监督检查过程中，有关肥料管理机构负责开展强制性检查。监督检查人员可以进入公共或私人领地或运输工具并依法开展工作。若被抽检样品的氮、磷、钾养分含量低于标识含量，但达到本州有关法律、法规所规定的最低养分含量标准的，没卖出的部分会被要求修改标识，卖出的部分则根据每个养分含量的价值，将缺少部分折算成现金由企业还给购买肥料的农民；若被抽检样品的氮、磷、钾养分含量低于州设立的标准要求的，将被处以较高的罚款。另外，肥料管理机构有权对违法行为做出停止销售、注销登记证、查封和扣押等处理，如果被处罚人对肥料机构的处罚有反对意见可以向法庭提出上诉。

对于肥料登记及监督检查中产生的相关费用，美国各州在肥料登记和检查过程中会适当地向农户收取一定的费用，标准因地而异。有些州按产品包装重量分类收费，如特拉华州、新墨西哥州等。其中，特拉华州对4.54kg以下包装的肥料，每个品牌、每等级收取28.75美元的登记费；4.54kg以上包装的肥料或散装肥料，每个品牌、每个等级收取1.15美元登记费。肥料检查费一般根据销售数量收取，如特拉华州规定每吨收取0.1美元，乔治亚州规定每吨收取0.3美元，阿拉巴马和肯塔基州规定每吨收取0.5美元。

②管理机构及职责。肥料管理机构的主要工作内容包括向生产和销售肥料的企业发放执照、肥料产品登记、肥料产品监督、信息发布、肥料样品检测、施肥技术研究与推广等。美国各州的管理机构均设在州立农业厅，负责本州的肥料立法、肥料执法和养分管理。

农业厅每年负责开展肥料产品信息登记，制定肥料的抽检计划，聘用肥料检查人员对全州的肥料产品进行抽检，按照每个产品抽检次数不低于1次/年，抽检结果由州立农业厅定期对外公布，每年至少要公布1次。并且部分州农业厅还拥有自己的综合性化验室，负责分析肥料检查员抽检的肥料样品。经化验被判定为不符合标准要求或与标识不符的肥料产品，农业厅将依照本州的肥料法实施处罚。

AAPFCO是一个由美国各州以及加拿大、波多黎各两国的肥料管理机构人员组成的社会团体，美国各州农业厅负责肥料管理的处长都是该协会的会员。协会的宗旨是：促进肥料立法的一致性与有效性；鼓励、倡导应用适宜、高效的肥料采样和分析方法；开发高水平的肥料监察技术并强制执行；推广适宜的肥料标识和肥料安全使用方法；开展信息交流、研讨与合作；与企业合作，推进安全用肥，保护水土资源。

3.2.2 德国

随着工业化进程发展，欧盟国家集约化农业迅速发展。化学物质投入大幅度提高了农产品产量，给农民带来了机遇，但土壤中养分盈余导致的养分损失也给欧盟农业环境带来了新的挑战。为此，欧盟颁布了三类与养分管理相关的环境立法[3]：一是综合水质管理。欧盟于2000年通过了保护水体环境的法规——水框架指令（Water Framework Directive），在有关水保护领域建立了一个总体的管理框架。此外，欧盟还特别颁布了3部保护水质的法规：欧盟排放限制值的硝酸盐指令、控制危险物质排放指令和新地下水指令。二是欧盟空气质量政策，欧盟对于空气质量的保护主要有两项：空气质量指令和国家空气污染排放限值指令。三是欧盟海洋管理策略。在海洋水域保护方面，欧盟颁布了专门的海洋管理策略。欧盟委员会颁布的各项指令是对欧盟各成员国的一个总体要求和执行标准，各成员国为了达到欧盟委员会各项指令的标准，根据各个国家的具体农业行为，分别制定了各国的管理策略和配套的响应机制。

肥料作为重要的农业生产资料，各个国家均有不同的管理制度，但多以确保肥料品质为主。德国的肥料条例颁布于1996年1月26日，主要用来规范农业生产中肥料的正确施用，防止因施肥而引起的环境污染，主要适用于农业、园艺作物生产用地的施肥[4]。其主要特点是尽可能地提高肥料养分利用率和最大限度地避免因养分流失而造成的环境污染。

条例中指出，施肥过程中应确保使所施用的肥料养分尽可能地被作物利用，最大限度地避免养分的流失。因此，施肥时应按照经验或专家的建议，适时、适量平衡施肥。施肥地区应与河川（地表水资源）保持一定的距离，以避免径流导致水资源的污染。在实际操作过程中应依当地的情况例如地形、土壤条件、植物生长状况、肥料种类、施肥器具等而定，不影响相邻农田以及有关部门制定的相关规定。对于施用有机肥设定了相关要求：一是动物粪尿肥料含有多元营养元素，施用时应注意其含有氮、磷、钾的量，避免某些元素可能会超量施用，必要时补充其他肥料使其营养成分的比例达到最佳；二是当采用地表施用液体牲畜和家禽粪尿含氮的次级肥料时，应尽量避免氮损失，同时要考虑植物生长和气候（气温和光强度）状况；三是沼泽地养分易于流失，施用动物有机肥应特别注意，以防止肥料进入土壤中污染地下水；四是对确认含磷、钾较高的土壤，只有在不影响水资源时，才允许施用动物粪尿，但施肥量不能超过作物在当地环境条件下预期产量和品质所需的肥料量。

肥料施用量和时间的确定，应根据当地的耕作条件，肥料所含氮素大部分能在作物生长期被利用；速效氮肥应根据作物的需求，必要时进行分次施用。收获后的秋天或冬天休耕期间不得施肥。肥料需求量的确定前通常需对每一块田地进行调查。在农田耕作条件下，对影响作物产量与品质的养分需求相关因子均作调查。各农场应调查其土地可供养分的数量：氮素量的测定以每块地或每一经营单位为准，至少每年1次；磷、钾、镁、硫、pH或石灰需要量，从具有代表性的土壤中取样，$1hm^2$以上的田块均需测量，每1轮作周期1次，至少每6年1次，粗放型牧草地每9年1次。而在施用有机肥前也必须进行土壤有机氮、磷、钾的含量分析。根据土壤养分分析结果进行养分平衡设计，形成养分平衡对照表。至于有机肥施用量，若农场全年平均每公顷耕地施用有机肥的总氮量不超过80kg，或其他氮肥不超过40kg，则列为粗放型农场，不需要养分平衡对照表。其中养分平衡对照表应包括如下内容：所施氮素（N）、磷（P_2O_5）、钾（K_2O）量（kg/hm^2），还需要进一步说明这些养分的来源，例如化学肥料、有机肥、豆科固氮等，农作物收获后所携带出的和畜牧产品中的氮素

（N）、磷（P_2O_5）、钾（K_2O）量。

肥料法还对肥料的使用记录和相应惩罚措施进行了规定。规定中指出，任何农场均有记录肥料使用情况和保存记录的义务，且记录的保存期至少9年。对于惩罚制度，条例中指出，在生产中，若违反以下任一条者，则会受到相应的处罚：直接往水资源中施肥；在没有种植任何植物的田中施肥；未能适时施肥；超过施肥上限；没有在规定的期限施用动物粪尿；在限制施用P或K肥的土壤中施P或K肥；没有按规定作土壤养分调查；未能分析所用肥料的养分含量；未做养分平衡记录；保存记录不满9年者。

3.3 国外主要节肥增效技术模式

3.3.1 精准施肥

精准农业产生于20世纪90年代，当时欧美发达国家为了缓解农业现代化、集约化生产带来的环境污染问题以及降低生产成本之需，借助于信息技术，陆续展开精准农业生产模式的研究与实践。进入21世纪之后，精准农业技术及生产模式已经逐渐成熟，在不同的国家形成了不同的发展特色，但整体而言，精准农业所体现的低投入、高产出、污染少等优点，是农业可持续性发展的方向。根据目前世界各国农业经济发展水平的差异，精准农业发展模式也各不相同，有发达国家的高级精准农业，有新型工业化特色精准农业，还有发展中国家、欠发达国家的初级精准农业。在此，以美国、以色列为例，比较分析了各国精准农业的发展模式。

（1）美国

美国是世界上最早研究与应用精准农业技术的国家，其精准农业领先于世界水平，技术非常成熟，已经建成了完善的现代农业管理系统。在20世纪90年代中期，美国就进行了土壤结构密度传感技术、土壤传导性技术、电磁感应技术等农业工程领域的研究，这些技术现在已经陆续在农业生产中使用，对土壤元素测定、农作物产量监测、施肥变量反应等耕作技术的发展起到实质性推动作用。美国精准农业发展模式的优势在于其技术层面，其核心技术主要包括全球定位系统、遥感技术和地理信息系统，将现代化的信息技术、农业技术与工程技术进行了有机的结合，体现了精准农业所要求的时间与空间差异，在此基础上，通过农田地理信息系统提供的地理信息确定作物的最佳生产模型，依据不同作物的差异，采用卫星定位，智能机械，智能施肥、灌溉、喷洒农药等，最大限度地优化各项农业投入，同时也保护了农业生态环境及土地资源。美国的精准农业更加注重农业投入、农业产出、生态环境以及精准技术等不同要素的互动，通过减少投入来提高农作物的产量与品质，减少农业耕种中化学物质的滥用来提高生态效益[5]。

美国于1993年首次进行精准农业耕种技术试验，取得了较好的成效。其采用全球定位系统指导施肥的农场，尽管减少了化肥施用量，但产量却比传统施肥提高了15%。从2002年开始，遥感技术、智能机械系统、计算机网络系统在美国农业耕作中得到了广泛的运用。2010年之后，精准农业技术与物联网相结合，掀起了美国精准农业技术的新浪潮。美国农业部发布的数据显示，至2013年年底，美国年生产总值100万美元以上的农场精准农业技术使用率达到了93%，50万~100万美元的农场精准农业技术使用率85%左右，一些小型农场也开始推广普及精准农业技术。

以美国的明尼苏达州为例[6]，位于美国中北部地区的明尼苏达州，土地面积2 064万hm²，其中农田面积为648万hm²，小麦、玉米、大豆等主要农作物种植面积占农田面积的80%左右，是美国主要粮食产区之一。明尼苏达州年均使用化肥达200多万t，但由于化肥价格逐年上涨，农户、肥料制造公司、肥料商逐渐加大了对合理施肥的重视，通过精准施肥来降低生产投入，从而获得最佳经济效益。据统计，因合理施肥使农户增加的收入是化肥投资额的3倍。同时，明尼苏达大学等高校还负责提供使用电子计算机进行合理施肥的咨询服务工作，将多种农作物和蔬菜，按地区、作物类别、产量等级进行电子计算机编码，建立施肥推荐数据库，并且两年更新一次。类似的利用电子计算机指导农户合理施肥的咨询服务工作，在美国已很普及。例如威斯康星州立大学土壤学系、密苏里大学土壤实验室等都开展了这方面的工作，并且部分地区服务站已经实现了土壤分析数据通讯的目的。

（2）以色列

以色列是一个自然环境较为恶劣的国家，沙漠占国土面积60%以上，可耕地面积仅占国土面积的20%左右，从而导致了以色列淡水资源极为匮乏，人均可利用的淡水资源仅为270m³，仅占世界平均水平的1/33。但其农业生产却很发达，自1996年以来，其农业总产值连年增长，年增长率保持在17%左右，其农业人口只占总人口的3%左右，但以色列的粮食已经完全实现了自给自足。2000年以后，其农产品已开始大量出口，创造了"沙漠奇迹"。由此可见，其精准农业技术已达到世界领先水平。

以色列的水肥一体化技术，主要是借助压力灌溉系统，将肥液与灌溉水一起，均匀、准确地输送到作物根部（图3-4）。以色列农民灌溉作物遵守的原则是"我们只给作物施肥喝水，而不是给土地"。也就是说，在灌溉施肥过程中，通过技术手段直接将水和营养送到作物根部，减少蒸发率，防止水分深层渗透。这样既能准确地提供水与养分，提高水肥利用率，让各植株获得等量的水和营养；又能按作物的生长与收获计划提供水与营养，提高产量和品质；最终实现节水节肥节能，防止土壤侵蚀、盐碱化。一般情况下，一体化技术水分利用率比常规水肥施用方法提高40%～60%，肥料利用率提高30%～50%。

图3-4　以色列水肥一体化技术
（管大海，2015）

以色列灌溉系统全部采用水肥一体化，所有作物、果树、花卉、蔬菜栽培都实现了节水灌溉与精准平衡施肥的统一，并且达到了优质、高产的目标。首先，不同地块采用不同的灌溉方式。在地势平坦的大田地块，采用移动式微喷灌或行走式喷灌；在坡地、山地多采用滴灌；设施栽培上使用滴灌和微喷；园林绿化树木使用滴灌，草坪使用地埋喷灌；在林木育苗上采用大穴盘和营养袋，全部使用基质和微喷育苗；在南部沙漠蒸发量较大的地区，使用地面覆膜滴灌形式，减少地面蒸发。其次，通过计算机自动化操作，精准供给肥水。每次灌水都随水带肥，灌溉基本实现自动化，尤其是在水肥的供给方面给我们引入了新的概念——"fertigation"（节水灌溉与精准灌溉施肥并重）。精准施肥是建立在精确了解水质、土壤养分和作物不同生长阶段需肥特点基础之上，精确的施肥及自动化技术的应用成功地解决了水肥的合理供给。现代农业技术使以色列的农产品不但实现了自给，而且出口西欧、俄罗斯，远销美国。总之，在不同生长发育时期提供给植株相应的肥水，尽量做到少而勤，使土壤经常保持在适宜作物生长的最佳水肥状态，提高了水肥的利用率，防止了根系土壤的盐碱化[7]。

3.3.2 配方施肥

土壤是农业的基础，肥料是作物的粮食。绝大多数的国内外专家和学者对土壤和肥料进行了测试和相应的试验研究，根据作物需肥规律、土壤供肥性能和肥料效应，在合理施用有机肥料的基础上，提出氮、磷、钾及中、微量元素等肥料的施用数量、施肥时期和施用方法，即测土配方施肥技术。该技术的核心是协调作物需肥与土壤供肥之间的矛盾，针对作物需肥规律，适时适量，进行平衡施肥，以满足作物的需要；同时达到提高肥料利用率和减少肥料用量，提高作物产量，改善农产品品质，节省劳力，节支增收的目的。

部分发达国家（如美国、德国等）的土壤肥料工作均以先进的科学技术为支撑，在世界上处于领先地位，其基本目标可概括为：在保护环境、提高环境质量的前提下，最有效地利用和节省资源，提高产量和利润率，改善农产品品质，保持农业在国际市场上的竞争力，提高生产率和产出的稳定性，保障农业的持续发展。

（1）美国

1899年，美国农业部自然资源保护局（USDA）开始负责统一协调组织土壤调查工作[8]。其中，掌握土壤资源状况，了解、利用和保护土壤是调查的主要目标。在调查方面结合了实地调查验证，充分利用了先进的科学技术，以高分辨率（20cm×20cm）航空遥感影像解译为主，对长期固定的调查观测点进行调查，大约每5年更新一次调查数据。美国农业部下属的国家土壤调查中心、西部、中部和东部三个区域性土壤调查技术支持中心负责相关技术方法研究和质量控制等工作，具体的田间调查及分析测试由各州立农业厅相关部门完成（图3-5）。100多年来，美国农业部逐步建立健全了一整套土壤调查相关技术方法，编印了大量技术资料，如国家土壤调查手册、土壤调查指南、土壤取样和野外描述手册、土壤调查实验室方法指南等，实现了标准化和规范化。这一系列技术资料的积累、长期持续开展的土壤调查数据及数据的开发利用，为农业生产和社会经济发展提供了强有力的技术支撑。近年来，在联邦政府支持下，美国实施了基于网络的土壤调查项目（Web Soil Survey Program），建立了国家土壤调查数据库，包括属性数据库和空间数据库，存储土壤图、土壤物理、化学性状等属性，以Web GIS作为支撑平台，在互联网上进行土壤数据的发布，为农业生产、建筑业、商业等提供成果应用服务。并且该土壤调查数据每年都

图3-5 美国测土配方、水肥一体化技术
（管大海，2016）

进行更新，并逐渐补充和细化，以便更好地提供服务。此外，还在网上发布土壤科学的基础知识，进行宣传培训，起到科普培训的作用。

以艾奥瓦州为例，艾奥瓦州作为美国重要的农业生产基地，测土配方施肥工作已开展几十年，不仅完善了Mehlieh3（简称M3）联合浸提和常规方法并存的批量化快速测试体系，而且还建立了不同测试方法、不同作物的施肥指标体系。

测土配方施肥中的土壤样品一般由农民自己采集，采样深度通常为15cm，采用特制的样品袋（内衬塑料薄膜，用来防潮），通过邮寄或送样到化验室进行分析化验。样品测试项目包括pH、有效磷、速效钾、有效锌，用于进行石灰、磷肥、钾肥和锌肥的用量推荐，部分样品还需加测硝态氮、有机碳等。测试方法通常采用先进的容量法取样、联合浸提、自动加液、批量化操作、自动化分析等手段，大大提高了测试速度。

美国各州在长期开展肥料试验研究的基础上，建立了土壤养分丰缺和推荐施肥指标体系，通过土壤、植物测试为农场提供施肥配方。艾奥瓦州立大学编制了《艾奥瓦州作物养分与石灰施用推荐指南》，规定了土壤样品采集、分析方法，建立了一套比较完整的测土配方施肥指标。针对小麦、玉米、大豆、苜蓿等主要作物，建立TM3-P、Bray l-p、Olsen-P、M3-K、乙酸铵-K等不同测试方法下养分丰缺和推荐施肥指标；建立了不同土壤pH和缓冲性能下的土壤改良石灰施用量，以及基于DTPA-Zn的锌肥施肥指标。对于玉米氮肥推荐，主要采用两种方法：一是根据多年田间试验结果，推荐基肥用量，并在玉米苗期（生长到15～30cm）时，采集耕层土壤测定硝态氮含量，进行追肥推荐；

另一种是在作物收获后，采集玉米秸秆进行植株分析，对作物营养状况进行评价，验证当年施肥的准确性，为下一季施肥提供参考依据。磷、钾的推荐施肥根据多年多点试验结果，将土壤磷、钾养分含量划分为极低、低、中等、高、极高五个等级，针对养分等级，提出不同的推荐施肥量。锌肥一般只在玉米上推荐使用，根据土壤有效锌含量的缺乏、适宜、过量三个等级，对应推荐施锌量。石灰的施用根据土壤pH进行推荐。

美国农业技术推广体系由农业部、州立大学、县级推广部门和社会咨询机构等构成。美国联邦通过提供土地给各州建立州立大学，帮助其成立农业推广机构。技术推广工作小组主要负责玉米、大豆等作物以及科学施肥、绿肥种植、废弃物处理等技术推广工作；同时还设立农业教育项目，为农业商业从业者、农场主和县级农业技术人员提供实用性、针对性强的最新研究成果，用现场面对面交流、互动的新形式替代发放宣传资料的传统方式，注重双向交流。农民和农业技术人员也可根据需要，选择合适的地点、感兴趣的作物和主题参加培训。艾奥瓦州的区域农业技术推广专家负责下属部分县的技术推广与咨询，通过每年一次的与州立大学推广专家的磋商会，将基层工作人员和农场主的需求、农业生产中的问题反映上来，纳入州立大学下年度推广专家和研究人员的工作任务。农民可通过上网或电话等方式，与有关专家联系，及时获得技术支持。

（2）德国

德国位于北纬47°～55°间，北临海洋，属人多耕地少的国家，人均占有耕地面积1.8亩，但农作物产品如小麦、大麦、燕麦、黑麦、马铃薯、甜菜等的自给率能达到84%，这与他们的土壤测试和施肥建议关系密切。各州的土壤测试任务均由一或两个州立农业研究所或农业化学研究所的土壤组常年完成，经费由政府开支。土壤测试的样品主要是当地农业咨询员在农民选定的地块采取的，少数是农民直接采样送验。秋季收获后是采样旺季，采样深度在农作物地块为0～20cm，牧场和草地为0～10cm，大约每0.5hm²农田钻取10～15点，组成一个混合土样。通过长期轮作施肥量试验的校验研究，可以取得由土壤测试值级别来确定作物施肥量的数据。德国的建议施肥量主要根据养分归还原理制订，并重视整个轮作周期中施肥总量的合理分配，以期获得最大的经济纯收益。根据各作物养分吸收量和由校验研究所得各级测试值应补足的施肥量即可制订轮作中对各作物的施肥量及其适当调整分配的建议[9]。

以德国奥尔登堡为例，奥尔登堡地区位于西德西北部，北临北海，东为威悉河，该地区年雨量700～900mm，年平均气温8℃。农场经营规模15～

$20hm^2$占9%，$20 \sim 30hm^2$占21%，$30 \sim 50hm^2$占33%，$50 \sim 100hm^2$占10%。该地区全年可以完成十万个土壤样品的分析任务，主要测定pH、腐殖质、黏粒含量以及N、P、K、Mg、Cu、Fe、Mn等元素，各项目测定结果大多有计算机显示和记录；同时每年要完成2 000多个肥料样品的分析任务，样品主要来自于化肥厂、供配肥站、工厂废料、农村厕肥、粪尿等，测定其灰分、干物质、总N、P、K、Ca、Mg以及一些微量元素。当地农业研究所根据土壤分析和肥效试验结果，确定不同土壤养分的丰缺等级，在此基础上确定不同土壤、不同作物达到中等产量所需的施肥量，确定施肥量之后，还需根据肥料分析资料，包括上茬作物收获残存物及各种有机肥料的养分含量，按其使用量及利用率折算可被作物吸收利用的量，然后再补充化肥。所有数据存档，根据送样农户的各项分析结果，按照一定的操作程序，计算机系统会编制施肥建议书，包括提供最佳施肥量（经济效益最高），以及最高产量施肥量。农户取得施肥建议书后可以到当地供配肥站购买所需的肥料，同时供配肥站会根据研究所的施肥建议书，按照比例将所需营养元素配成混合肥料，供大面积生产使用[10]。

3.3.3　硝化抑制剂和脲酶抑制剂

提高氮肥利用率有两条途径，一是用化学法或物理法把现有的氮肥转化为低溶解度的缓效肥料，如异丁叉二脲、巴豆叉二脲、包硫尿素等；另一条途径是在肥料中掺和硝化抑制剂，硝化抑制即氮肥增效剂，它是亚硝化细菌的杀菌剂，有选择的消灭亚硝化细菌，所以氮肥增效剂仅对铵态氮或经过分解生成铵态氮的氮源如尿素有效，而对硝态氮的氮源如硝酸盐，没有增效作用。为了有效地遏止土壤中铵态氮氧化为硝态氮，国外对硝化抑制剂的研究做了大量工作[11]。

脲酶抑制剂的作用是通过竞争脲酶结合位点以抑制尿素水解为NH_4^+的过程，从而降低氨挥发潜力。多种物质可以抑制脲酶活性，像Ag、Hg、Cd、Cu、Mn、Zn、硼酸、对苯二酚和苯醌等。目前市场常见的是NBPT（Agrotain），主要适用于尿素、尿素硝酸铵溶液及粪肥。Chien等[12]研究表明，在巴西玉米、牧草等作物种植中施用NBPT，可以平均减少氨挥发60%（29% ~ 89%），并认为NBPT施入土壤之后的有效时间为2 ~ 8d，与土壤的湿度和温度条件有关。但Akiyama等[12]研究表明脲酶抑制剂对减少农田N_2O排放效果一般，减排率为10%（-4% ~ 35%），其并不能抑制硝化反应。

硝化抑制剂主要是通过抑制硝化细菌的活性来抑制土壤中的硝化反应，使氮能够较长时间以NH_4^+的形式保存在土壤中或者被作物直接吸收，以达到降低NO_3^-淋洗和N_2O排放的目的，现在主要的硝化抑制剂为双氰胺（DCD）、DMPP等。Akiyama等[13]总结的结果表明硝化抑制剂可以平均减少农田N_2O排放达38%（31%~44%），同时还可以显著降低硝酸盐的淋洗。

3.3.4 缓/控释肥料

缓释肥料的研究始于20世纪50年代，已经有了60多年的历史，以美、英、德、日等国为主。其中美国、日本、西欧约有39家缓释肥料生产企业，年产量约50万t，但其用量仅相当于化肥用量的1%。由于缓释肥料成本高、制作工艺复杂，因此价格很高。其用于大面积粮食作物生产还没能实现，主要用于经济价值较高的观赏植物、园林、草皮、蔬菜生产等，因此为了缓释肥料的广泛应用，各国科学家正在积极地研究高效、价格便宜、无污染的缓释肥料品种。

目前，新型肥料开始由速效性向缓效性方向发展[14]。由于速效性肥料很难解决作物生长中多次追肥带来的不便以及肥料利用率不高造成农业高成本及环境污染等问题，因此，对新型肥料提出了更高的要求：高浓度、多元化、缓效性、低成本及低污染。日本在肥料造型改进方面有很大进展，其多采用物理方法包膜处理，采用化学方法合成有机长效氮肥等，使肥效缓效化，延长肥效期，提高化肥利用率。20世纪80年代研制以包膜尿素为代表的新型缓效性肥料，并很快投入使用。这些缓效肥采用某种特殊透性材料包膜，具有一定的溶出特性，其氮肥利用率可达到80%以上，肥效期从1个月至3年可以任意调节。

另一种是以适应土壤和提供作物生长全过程的营养元素为特征的控效肥，是当今绿色化肥的前沿。由于单独使用速效肥和单独使用缓效肥都不能满足各种作物生长过程的需求，也就是说，两者单独使用均不能满足作物营养元素需求规律，无法充分发挥出肥料的最大经济效益和环境效益。因此，20世纪90年代以来出现的新型肥料，具有养分释放与作物吸收规律同步的功能，其肥料利用率也提高了20%~40%。

3.3.5 实时、实地氮肥管理模式

1995年，世界粮农组织提出了植物营养系统（IPNS）。现代的施肥过程中普遍存在一些缺点，首先是过分地依赖化学肥料，特别是氮（大部分肥料研究的工作重心是氮），并且生产中过量氮肥的施用的情况较为普遍，人们总是希望通过增加物料投入来获得比实际产量更高的产量；其次，在施肥过程中，并不能充分利用养分状态的诊断方案，仅依靠经验，尤其在我国，这种现象更为

严重；再者，可避免的养分损失仍很高，农户总有一种浪费肥料的倾向，且生产中化肥的投入和粮食的产出净差额很少有人关注，农户更关心地上的产出，因而增加施肥量的成本也就往往被忽视。在我国，施肥不合理甚至过量问题普遍存在。1977—2005年，我国化肥施用量由596万t到4766万t，增加了700%；粮食总产由28273万t到48401万t，增加了71%；粮食单产由2348kg/hm^{2}到4642kg/hm^2，增加了98%；种植面积由12040万hm^{2}到10427万hm^2，减少了13%。我国粮食作物的肥料利用率下降趋势十分明显。未来5年全球60%以上的新增化肥产能来自中国，但作物产量却没有相应地增加。肥料增产潜力已经接近极限，养分利用效率持续下降，资源环境问题突出。另外不合理的施肥在一定程度上也降低了作物品种应有的抗性。由于过量的无机养分投入导致了严重的环境污染，人们不得不反思现代传统施肥的观念的问题并研究农业可持续发展原理指导下的施肥思路。

为适应农业可持续发展的要求，不能再把施肥简单地看作是补充作物生长所需养分的技术措施，而需要将其内涵扩展为养分资源综合管理，实现以下几个转变[15]：从满足单一作物养分需求转变为养分的最适利用；从静态的养分平衡转变为养分流动和循环的动态管理；从只注意作物生长当季的养分效应转变为更加注意长期的养分效应；并且更加关注施肥产生的负效应及除产量效应之外作物的抗性问题，要充分认识一些不能或难以控制的限制因素和生产风险，同时强调改良和保持土壤肥力，提高土壤质量等。可见国际上养分综合管理更加强调综合长期、动态和环境保护，强调发挥作物本身对环境胁迫的适应性和抗性。

由于化肥在资源、农业生产和环境保护中的重要性，国际社会已经将化肥管理列为21世纪的重大问题，欧美等发达国家为了保护环境，大幅度的降低化肥用量，其中德国在执行严格的环境保护条例时，化肥用量从20世纪80年代的500万t减少到了2000年的300万t，粮食总产和单产不但没有下降，反而一直在增长。荷兰、丹麦、美国、日本、法国、英国等国家也逐步收到成效。

以日本为例，日本是传统的水稻生产国家，水稻在其农业生产上占有极其重要的地位[16]。2006年，日本的水稻栽培面积为168.8万hm^2，总产量为1069.5万t，占世界总产量的1.69%，平均产量为6.34t/hm^2，略高于中国（6.27t/hm^2）。

化肥在提高日本粮食产量方面发挥了重要作用[17]。在施肥技术上，20世纪50年代由于普及了耐肥品种，推广以施底肥为重点的施肥技术，施肥量很大，60年代后期开始推广以生育后期为重点的肥料分施技术，70年代为了适应机械插秧，推广了根据水稻生长阶段施肥的分施技术。近年来，日本推广的是侧条施肥技术，即在插秧机上安装施肥装置，在插秧的同时往水稻根部施肥的技术。侧条施肥不仅可以在寒冷地区促进水稻初期生长，保证茎数，而且节肥效果显著，可以减少化肥流失，有利于环境保护。自1980年开始在全国推广以来，目前已在74.5万 hm^2 稻田采用。为了合理施肥，减轻农民的经济负担，在加强施肥技术推广指导的同时，在60年代末各农业技术推广部门就配备了土壤测定仪器。现在已经实现了在施肥前利用计算机土壤诊断系统进行土壤分析，根据分析结果确定施肥量。在化肥品种上，已由单一成分向复合肥、由低成分复合肥向高成分复合肥发展，并开始重视缓效性肥料的施用。近年来，由于人们对无公害食品的需求增加，有机农业开始受到人们的重视，紫云英等绿肥种植面积和有机肥的施用量均有所增加。

日本农业中大量的使用化肥和农药，在农产品产量大幅度提高、缓解粮食自给危机的同时，农药残留、农产品安全危机、水质恶化等问题相继出现，环境污染日益严重[18]。为此日本采取了诸多比较有效的对策发展环境保全型农业[19]，环境保全型稻作即是日本环境保全型农业的重要部分。

环境保全型稻作包括了无化肥栽培、减化肥栽培等技术模式，其中无论在化肥的使用次数，还是使用量上都较当地通常水稻生产减少了50%左右[20]。在减少化肥的同时减少了农药的使用量，从而减轻了因重肥重药带来的水环境和土壤环境的污染，从而提高了稻米的品质。如图3-6所示。

在日本，减少或者拒绝化肥的施用是环境保全型水稻生产的主要特征，众多农户通过施用有机肥减施或者不施化肥来减轻化肥造成的环境污染。通过国内调查，日本学者分析了该水稻稻作模式与常规稻作模式的有机物料投入、土壤诊断情况。

从图3-6中可以看出，日本有机栽培、无农药无化肥栽培和减农药减化肥栽培的有机肥投入量分别为1 183kg/hm^2、1 137kg/hm^2和806kg/hm^2，其中堆肥的投入量分别为671kg/hm^2、698kg/hm^2和330kg/hm^2，分别占农户有机肥投入量的56.7%、61.4%和40.9%，表明堆肥是日本环境保护型水稻生产中较受欢迎的有机肥。而水稻秸秆的投入量分别为373kg/hm^2、310kg/hm^2和396kg/hm^2，分别占有机肥投入量的31.5%、27.3%和49.1%。统计还发现，农户使用的堆肥的自给比例分别达34.6%、53.6%和63.6%，秸秆还田率则分别达到100%、99.8%和97.2%，表明水稻秸秆也是日本环境保全型水稻生产中重要的有机肥，多数农户利用自家水稻产生的秸秆进行循环利用。

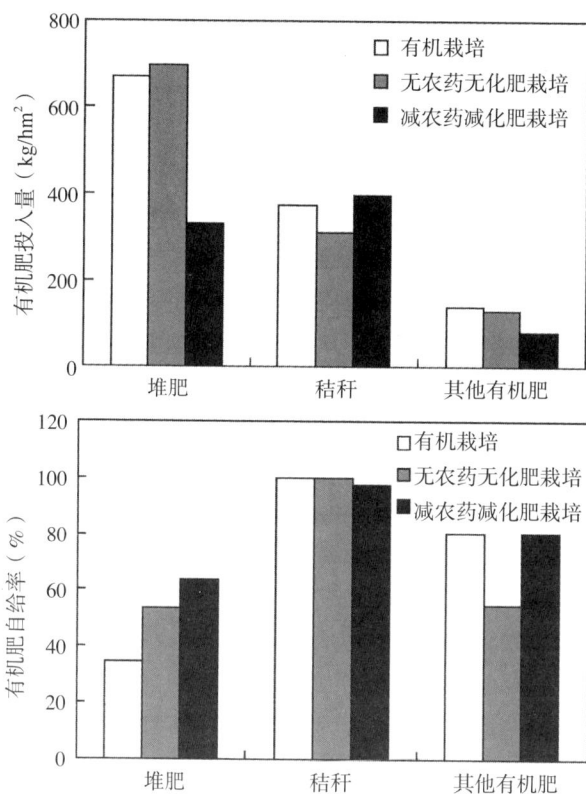

图3-6 环境保全型水稻生产有机肥投入量及自给比例
注：图中所示有机肥（堆肥、秸秆、其他有机肥）均为实际有机肥用量。
［詹桂芬（2010）[116]］

另外，通过土壤诊断等技术措施，来进一步有效地提高肥料的利用率，减少化肥过量施用造成的环境污染，日本环境保全型水稻生产中的土壤诊断主要由农业普及中心、日本农协、农业试验场、农户自家及其他机构来统一实施，通过对土壤状况诊断的实施比例进行调查发现（表3-1），在日本环保型稻作系统中，无农药无化肥栽培农户土壤诊断实施比例最高，达30%，其次为有机栽培农户，为17.3%，减农药减化肥栽培农户实施比例较低，仅为11.9%。通过普及中心进行土壤状况诊断的农户分别为51.4%、38.0%和7.6%。传统的农协在日本环保型水稻生产中也发挥了重要作用，无农药无化肥栽培和减农药减化肥中分别有19.9%和58.9%的农户由农协进行实施土壤诊断。此外还有一部分农户实施自家土壤状况诊断，其中26.6%、6.6%的农户对有机栽培和无农药无化肥栽培进行了土壤状况诊断。

表3-1　环境保全型水稻生产农户土壤诊断实施状况

单位：%

栽培方式	农户实施比例	实施诊断机构				
		自家	农协	普及中心	农业试验场	其他
有机栽培	17.3	26.6	—	51.4	5.2	16.8
无农药无化肥栽培	30	6.6	19.9	38	9.3	26.2
减农药减化肥栽培	11.9	—	68.9	7.6	—	23.5

数据来源：詹桂芬（2010）[16]。

3.4 国外节肥增效经验借鉴

　　2013年我国化肥消费总量达5 271.0万t，占世界化肥总消费量的29.2%，仍是世界化肥用量第一大国（图3-7）。据统计，中国已有17个省氮肥平均施用量超过国际公认的上限225kg/hm²，但氮肥的养分利用率与发达的欧盟国家相比低10～20个百分点[20]。中国的农业当前面临着重肥重药、农田生产力下降、环境恶化等严峻的形势。而部分发达国家及发展中国家在施肥技术方面已取得

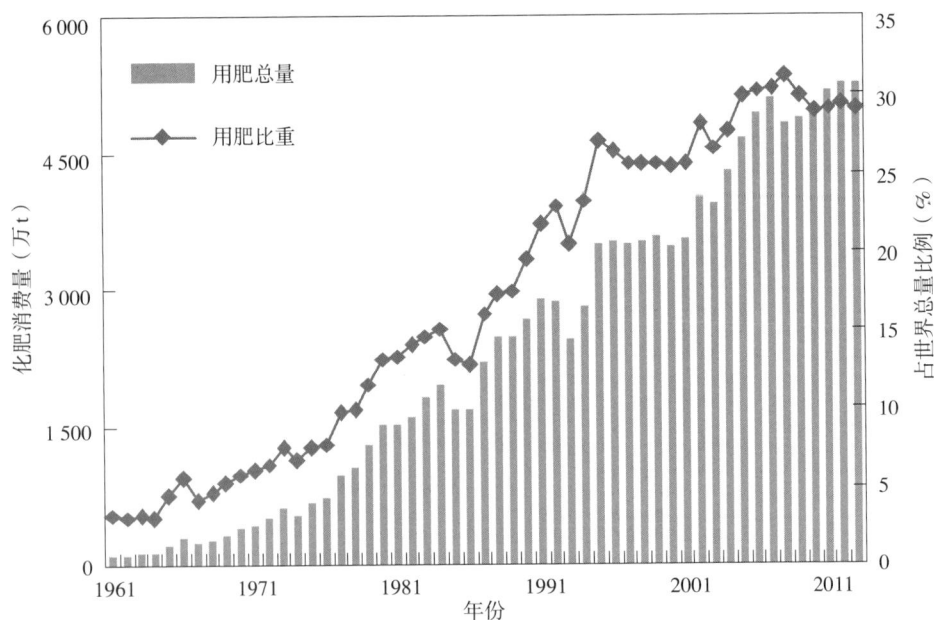

图3-7　中国化肥消费量（1961—2011年）
注：图中化肥用量为化肥产品的用量。
（国际肥料工业协会IFA）

较好的进展，其成功的经验教学对发展我国的节肥增效技术，实现现代农业的可持续发展具有很好的借鉴和学习意义。综合上述节肥增效施肥技术和政策支持，如下经验和建议对于发展我国的节肥高效农业有一定的推动作用。

3.4.1　完善施肥技术指标体系

中国第二次土壤普查距今已有20多年的时间，随着耕作制度、经营方式、田间管理等变化，土壤养分已经发生了很大的变化。在这20多年中，中国没有开展大规模的土壤养分测试和田间试验工作，尽管部分地区开展了一些田间试验，但缺乏科学性、系统性和连续性，没有形成系统的施肥指标体系。尤其是一些蔬菜、果树等经济作物至今尚未开展建立施肥指标的工作。目前，施肥指标体系的缺乏已经成为制约中国测土配方施肥技术发展的一个瓶颈。因此，中国必须要尽快地建立并完善施肥指标体系建设。

艾奥瓦州立大学经过多年的试验，已经建立了一套不同测试方法、不同作物的施肥指标体系，并在实践应用中不断地修订完善，并将这些施肥指标体系提供给各个肥料服务公司、农场主等，使从事农业生产者能够了解如何科学地施用肥料。在日本，堆肥是环保型稻作中比较受青睐的有机肥，约有50%来源于自行堆制。农业部门一方面应鼓励农户自家堆制堆肥，另一方面应鼓励企业团体制造堆肥销售，同时生产中还大量的用自家水稻秸秆还田。

中国的人均耕地面积相对较少，劳动力过剩。要针对中国的国情，重视技术开发与研究，重视从实际问题中提炼科学问题，进行深入的理论研究，为实现中国农业可持续发展提供技术保障。重视农业技术推广，有效利用农业科研院所、农业院校、试验场站和农业技术推广体系，提高科技在农业生产中的贡献率，为农业环境保护提供技术支撑。我国应结合国家相关法令政策积极开展秸秆还田技术及测土配方施肥等技术的应用和推广，以培训宣传、示范展示为手段，坚持"因地制宜、分类指导、规范管理、强化服务"的原则，采用以点带面、整村推进的方式，进一步加大施肥技术指导服务力度，着力提高施肥技术的入户率、覆盖率和到位率，全面推进测土配方工作深入开展。

3.4.2　强化农民科学施肥意识

在我国，"炒菜不怕油多，种地不怕肥多"的盲目施肥思想和意识还普遍存在。特别是经济较发达地区在经济价值较高的作物上过量施肥现象相当严重，不仅造成生产成本增加、收益减少，而且造成资源浪费、环境污染。农民科学施肥意识不强，长期缺乏技术培训，知识普遍老化，是农民盲目施肥、过量施肥的思想根源，现阶段已难以适应发展现代农业的需要。

美国各州农民已经主动接受并认真实施测土配方施肥技术，在艾奥瓦州立大学化验的土壤样品中，有20％左右的土壤样品是农民自己采集、送检的，可见美国农民有较强的科学施肥意识。同时，美国的农业推广人员，每年定期或不定期地到州立大学推广站进行在职培训，更新知识，提高业务技能。

因此，要加大施肥技术宣传、强化对农民的技术培训等工作，提高农户中土肥队伍综合素质，采取有力措施，采取多种形式，加强土肥队伍业务技能的培训，包括现代化推广手段的培训、土肥知识的更新、农业法规政策的培训等。

3.4.3 建立健全肥料管理法律体系

目前，中国的肥料管理由发改委系统（负责化肥行业管理）、技术监督系统（负责磷复肥生产许可、肥料质量抽检）、农业系统（负责肥料登记、使用管理）和工商系统（市场管理）多个部门承担，市场管理经常出现主体不明确、政出多门、乱管滥罚等现象，这与中国尚未有一部完整的肥料管理法规有关。

美国肥料管理都是由农业行政主管部门负责，主要负责办理肥料生产、经营等许可证、新型肥料审批、肥料市场监督等，管理效率非常高。美国各州都有肥料管理法规，农业部门负责肥料管理、生产、经营、登记、市场监督、检测收费等规定非常明确细致，操作性强，市场监督过程规范具体，很多州还规定肥料的登记证保有和肥料销售要提交肥料销售额的0.3％作为本州土壤肥料相关技术研究与推广。中国至今还没有一部专门的肥料管理法规来规范肥料的生产、销售和使用行为。

因此，我们可以借鉴国外成功经验和教训，依法规范肥料生产、销售、使用、管理等行为，提倡并鼓励农民开展测土配方施肥工作，培肥地力，促进中国农业可持续发展。

（1）以标识为依据，管理制度配套完善

美国的肥料登记制度基本上是备案性质的，手续简单。申请登记企业只需填写申请表等材料，并依法交纳很少的费用就能迅速获得登记证。但在登记时，农业厅要对标识内容进行检查并备案。肥料标识是今后肥料监督、检查的重要依据。由此可以看出，肥料进入市场的门槛并不高，但企业要讲诚信。肥料抽查时一旦发现与标识所标内容不符，就要受到相应的处罚。这样做的益处有三点：第一，制度简单易行，企业不会视登记为负担；第二，政府对本州生产销售的所有肥料产品了如指掌，为监督管理提供了保障；第三，有效地维护了市场公平。

（2）信息公开，充分利用社会资源共同维护市场公平

各州将肥料登记信息、抽查信息、处罚信息等在网站上公开，不仅可以方便企业和农民查询，而且还能利用这种信息公开，让企业自律，使用好社会监督、舆论监督和用户监督这一公共资源，帮助政府维护市场公平。

（3）处罚方式人性化，降低了处罚难度，维护了农民利益

肥料抽查时如果被抽检样品的氮、磷、钾养分含量低于标识含量，但达到了相关法律法规所规定的最低含量标准，没卖出的部分会被要求修改标识，卖出的部分则根据每个养分含量的价值，将缺少部分折算成现金由企业还给购买肥料的农民。但如果被抽检样品的氮、磷、钾养分含量低于标准要求，将被处以较高的罚款。如此处罚方式，企业心服口服，农民满意，表面上看企业负担较轻，实际执行结果却很严重。企业将赔偿送到农民手中，他的形象就会在农民心中打折扣，销售额就会受到影响，因此，企业会尽量维护好自己的形象，从而提高了肥料产品的整体质量水平。

（4）政府和企业共同引导、帮助农民使用科学施肥技术

美国政府从保护水土资源的角度出发，向农民推广科学施肥技术。不仅政府部门、农技推广机构开展这类工作，很多肥料生产或销售企业也向农民提供测土服务并推荐施肥方案，一些较大的企业还向农民提供施肥服务。因此，美国的农场主们大多对科学施肥知识有所了解并应用。美国玉米生产中，氮肥利用率为55%～65%[21]，既减少了因氮素淋失造成的水体污染，又降低了生产成本。尽管中国的国情与美国有很大的不同，但在制定肥料管理制度，开展养分管理工作时，还是有许多可借鉴之处。

3.4.4　建立有效鼓励机制

测土配方施肥是一项长期的基础性工作，取土化验、田间试验等都需要持续稳定的经费来源。在艾奥瓦州，取样化验费主要来源于肥料经营的税费及财政预算支出。美国各州开展测土配方施肥的经费来源不同，如北卡罗来纳州，州政府出资开展土壤养分测试，建立施肥指标体系，开展推荐施肥；如艾奥瓦州，通过法律规定，每经营1t肥料收取一定税费反哺土壤养分测试工作等。因此，建立有效的鼓励机制、确保工作经费是推进测土配方施肥工作的重要保障。因此，中国必须通过政府主导，不断增加公益性环节的投入，加大经营性环节的引导和监督力度，通过市场运作、企业参与，将高效节肥技术落实到千

家万户，特别是在当前广大农民科学施肥意识不强的情况下，应较长时期内实施支持和鼓励的政策。

3.4.5 重视农业合作组织建设

通过对农户的服务，把农户、农协以及地区农业有机地结合在一起，创造了一个共同发展的平台。日本政府十分重视农民自己的组织建设，例如，日本农协是一个代表农民利益的实体组织，有自己的加工场所，技术开发和培训基地，甚至有配套的医院、银行和保险公司等。日本农业是建立在分散的、一家一户的小规模经营基础上，缺乏抵御自然灾害和市场风险的能力，进入市场的门槛和成本太高，日本农协的建立很好地解决了这个问题，既为农户提供了方便，也为农协的整体收益做出了贡献。中国的农业生产模式与日本类似，主要依靠农户的小规模生产，这已经很难跟上现代农业的发展步伐，因此中国也应积极发展农业合作组织［像家庭农场（图3-8）、合作社等］这种新的农业经营团体。

图3-8　家庭农场

参考文献

［1］向玥皎，王方浩，马林，等．美国养分管理政策法规对中国的启示 [J]．世界农业，2011, 3: 51-55.

［2］杨帆．美国肥料管理模式与启示 [J]．中国土壤与肥料，2007 (3): 1-3.

［3］曾韵婷，向明皎，马林，等．欧盟养分管理政策法规对中国的启示 [J]．世界农业，2011, 4: 39-43.

［4］胡云才，Urs Schmidhalte．德国施肥法的特点和对我国的启示 [J]．磷肥与复肥，2005, 20 (3): 6-8.

［5］杨盛琴.不同国家精准农业的发展模式分析[J].世界农业,2014 (11): 43-46.

［6］李建廷.明尼苏达大学的施肥咨询工作[J].世界农业,1985 (4): 32-32.

［7］时新宁,马晖,王锦秀.以色列现代农业的命脉——节水灌溉与精准施肥[J].宁夏科技,
2002 (2): 17-18.

［8］杜森,田有国,贾文竹,等.美国土壤肥料技术研究与推广[J].世界农业,2008 (2): 58-60.

［9］李西开.联邦德国的土壤测试和施肥建议[J].世界农业,1985 (1): 32-35.

［10］刘宗衡,马步洲,周仁钢.联邦德国测土施肥技术考察报告[J].河北农业科学,1989, 2:
39-41.

［11］翟玉华.国外氮肥增效剂研究概述[J].河南化工,1982, 3: 83-86.

［12］Chien S H, Prochnow L I, Cantarella H. Recent developments of fertilizer production and
use to improve nutrient efficiency and minimize environmental impacts[J]. Advances in
Agronomy, 2009, 102: 267-322.

［13］Akiyama H, Yan X, Yagi K. Evaluation of effectiveness of enhanced-efficiency fertilizers
as mitigation options for N_2O and NO emissions from agricultural soils: meta-analysis[J].
Global Change Biology, 2010, 16 (6): 1837-1846.

［14］孙先良.绿色化肥与新型化肥的发展[J].现代化工,2001, 21 (8): 1-4.

［15］张福锁,崔振岭,陈新平,等.高产高效养分管理技术 [M].北京:中国农业出版社,2012.

［16］詹桂芬.日本环境保全型水稻生产及其启示[J].世界农业,2010 (9): 75-77.

［17］林聚家.日本农业发展的现状[J].世界农业,1993 (6): 9-11.

［18］陶箭.日本水稻生产现况及其启示[J].中国稻米,2008 (4) : 19-21.

［19］衣保中,闫德文.日本农业现代化过程中的环境问题及其对策[J].日本学论坛,2006 (2):
18-23.

［20］日本农林水产省大臣官房统计部.环境保全型农业推进农家的经营分析调查［EB/OL].
http://www.maff.go.jp/j/tokei/kouhyou/kanyo_hozen/index. html#r, (2003)[2010-04-26].

［21］Sawyer J, Nafziger E, Randall G, et al. Concepts and rationale for regional nitrogen rate
guidelines for corn [M]. Ames Iowa State University, 2006.

04／第四章　国外绿色值保政策与技术

4.1　国外绿色植保概况

4.1.1　绿色植保的内涵

　　植物保护是农业生产中的重要环节，动植物、环境、人类以及生态多样性的保护始终贯穿在农业植物保护过程中。绿色植物保护需要对病虫害进行综合治理，将农业措施、物理措施、生物防治等措施综合起来，严格按照有关规定操作执行，有效保证农产品的高质量和高安全性，还要有规范的技术操作，善待自然环境，不使用违反规定的物质进行生产操作，并在规定范围内使用合法合规的产品。绿色植保技术主要是指通过生态治理、农业防治、生物控制、物理防治等综合防治措施来控制农业有害生物的一种环保型的植物保护技术。在"绿色消费，持续发展"已成为最新潮流的当今，加速推广应用这一技术可实现在农业生产中不用或少用化学农药，杜绝因单一使用化学农药防治害虫而引起的农产品残留农药超标和对生态环境的污染，让老百姓吃上"放心绿色农产品"，实现农业的可持续发展[1]。因此，世界上许多国家和地区均已使用绿色植保技术，尤其是美国、欧盟等因对食品安全和生态环境保护的高度重视，绿色植保技术理念已在农业生产上广泛推广[2]。

　　随着中国政府对农产品食品安全的日益重视和人们对绿色农产品的需求，绿色植保技术已开始在中国推广应用。但目前中国大部分县级及乡镇级地方对绿色植保技术、有机农业没有充分的认识，许多地方在防治农业有害生物方面沿用传统的化学农药防治方法。因此，借鉴欧盟、美国等推广应用绿色植保技术、发展有机农业的成功经验，加快中国绿色植保技术的广泛推广应用具有重要意义[3]。

4.1.2 国外绿色植保概况

欧盟依托比较完整的法律法规体系，在绿色植保、发展有机农业方面一直处于世界领先地位。传统农业生产使用大量化肥、农药等人工合成化学品，使农产品受到不同程度的污染，自然环境和生态系统遭到严重破坏，土地生产能力持续下降。环境的承载能力是有限的，恢复周期漫长，长期的过度开发已经严重破坏了我国的自然环境，为了保护生态系统，亟须发展规模性的生态农业体系[4]。有机农业是具有严格标准的可操作的农业生产方式，鉴于欧盟在绿色植保、有机农业方面积累了丰富的经验，学习和借鉴欧盟绿色农业发展经验与模式，建立符合我国国情的发展策略，是改变我国当前农业生产体系的重要手段[5]。

欧盟有机农业、绿色植保政策和措施始终贯穿着动植物、环境、人类以及生态多样性保护的理念。法律法规方面，《欧洲有机农业规定》91/2092/EC从法律上保证了欧盟有机农业、绿色植保全方位的发展。有机农业绿色植物保护按照《欧洲有机农业规定》要求进行，绿色植物保护过程纳入由"负责检查的官方机构"或"质量检查认证机构"（监控机构）负责的监控操作程序之中。农药使用还必须符合《善待环境的农业生产操作程序法案》92/2078/EC和欧盟成员国关于农药管理使用的相关法律[5]。

针对人工合成化学品和化学杀虫剂管理法规的建设是欧盟植保法规的优先领域之一，欧盟在对待化学品与杀虫剂问题上采取的措施包括：生产者、使用者与进口者目标责任制、增加透明度、提倡非动物试验和寻找危险化学品的替代物。而且欧盟在其《第六个环境行动计划》中专门论述了关于化学品和杀虫剂的管理规定以及关于化学品和杀虫剂的国际合作。在有机农业产品方面，欧盟对生产、加工、流通和消费者等都有相应的法律法规予以指导和规范。《欧盟植保产品流通法案》91/414/EEC，通过详细的规定以保障农产品的安全以及流通环节不产生对人体有害的影响[5]。欧盟现有成员国之间的农业发展并非同等状况，由于自然环境、农业发展历史的不同，在绿色植物保护方面也存在着一定的差异，各有特点，很多成功经验与技术模式值得我国借鉴。

（1）匈牙利

匈牙利是中东欧农业相对发达的国家，农业自然资源十分丰富，具有比较完善的植物保护技术研究和推广应用体系。在植物保护研究领域，匈牙利多个农业研究机构和高校实验室都开展了农作物、果树和蔬菜有害生物防治方面的研究。有害生物的生物防治和绿色综合防治技术、有害生物入侵风险控制、转基因作物安全性等都是这些研究机构的重点研究内容，而且在某些研究领域处于国际先进或领先水平。在农药管理方面，匈牙利农业与乡村发展部颁布的《新植保法案》，主要包括7项重要法规，涉及植物检疫、植保产品授权、最大农药残留等，这项法案特别针对化学农药的登记、使用和授权做出了非常严格的规定。此外，匈牙利政府充分利用各种媒体渠道来为绿色植物保护领域的发展提供技术和信息服务，如建立了专业的植保网站，在线提供各种农作物、果树、蔬菜主要有害生物的危害症状、发生规律、防治技术等相关信息，并不断更新，供种植者浏览和参考使用，并提供各个领域的专家咨询服务等[6]。依靠完善的农业技术培训和信息服务体系，匈牙利农业生产领域各项先进技术的应用和推广得到了保障，推动了绿色植保的发展。

（2）荷兰

荷兰有机农业、绿色植保发展良好，得益于荷兰植物保护有关法律法规的相对完善。荷兰国家植物保护站负责植保法规的制定、危险性病虫害的检疫和应急处置、农作物产品的认证、主要农作物病虫害防治技术研究等工作。根据荷兰《植物保护法》，必须要由相关部门组织测试，发放农药使用资质证书，只有持有该证书的人员才能从事购买农药和施用农药等工作，以保证荷兰农业领域中农药的安全使用。欧盟推行良好农业操作规范（GAP）认证，荷兰政府积极主张通过各个领域的可持续发展政策法规来保障食品安全和食品质量[7]。荷兰的农场面积比较大，农业生产劳动力相对偏少，其农田综合管理技术研发重点向着智能化、信息化和机械化的方向发展，是研究和使用智能化植保机械较发达的国家。近几年，荷兰的农作物病虫害决策支持系统（DSS）得到了广泛的运用，已有7 000多个农场在使用这一系统并得到了较好的推广。该系统主要根据各个地区农场的土壤条件、农场作物种类、发生的主要病虫害情况等因素，及时为农场主提供最优的农业生产技术措施，特别是提供各种肥料、合法农药的施用时间、施用方法和施用量等技术方案。各个地区的农场技术人员可通过无线电话、传真和互联网等方式使用农作物病虫害决策支持系统，实现病虫害绿色防治和综合管理的专业化、智能化和科学化。另外，先进的农业生产设备也是荷兰农业发展的重要保障，这些设备包括精量播种机、精准施肥机、宽幅农药喷施机等大型农业机械化设备，提高了田间管理和操作效率，减少了荷兰农业的劳动力成本[8]。荷兰的有机农业绿色植保发展形势良好，得到了政府的大力支持。荷兰政府成立了专门的管理机构——植物保护局，制订有机农业的发展规划，开展绿色植物保护措施，给予农业生产者补贴，提供相关技术和法规的培训。荷兰设有专门的有机农业培训学校，在高等教育中设置相关的课程，培训有机农业、绿色植保方面的专业人才[9]。

（3）意大利

意大利农业发展与绿色植保处于欧盟领先地位。意大利是欧盟内仅次于法国的第二大农业国，农产品质量享誉世界，多种农产品获得欧盟最高认证。意大利作为欧盟的农业大国之一，到21世纪初有机农业面积和农场数量均发展为欧盟首位[10]。绿色植保技术在意大利的发展促进机制是综合的，其中包括政府规划、相应法规及优惠政策、科研投入、认证与检查体系的保障、市场机制开拓等各个方面。按照规定，在意大利，新加入和现存的绿色有机农场都能得到补贴，而且绿色有机产品较高的市场价格能够被市场消费者所认可。各项法规的实施极大地促进了意大利有机农业、绿色植保的发展，确保在消费者获得高质量产品的同时，绿色有机农产品的生产者、加工者、销售者均可获得较大的利益。意大利有机农业、绿色植保主要的研究内容是有机农业与绿色植保技术应用，强调绿肥和农场内有机质的运用，注重生态环境保护与可持续发展。

（4）德国

德国政府一直大力发展和推广绿色植物保护技术，德国是目前世界有机农业最发达的国家之一，同时也是欧盟最大的有机食品消费国，约占欧盟有机食品消费的30%。同欧盟各国一样，德国也采取高额补贴政策，极大地促进了德国绿色植保领域的发展。同时，德国还制定了《有机农业发展的中长期行动计划》，建立有机发展中心的国际互联网入口，提供有机农业教育材料，促进绿色植保技术的开发和转化等[11]。德国《植物保护法》规定了其植物保护要优先考虑植物保护的绿色非化学防治，化学农药的使用位于多种预防性的非化学保护措施链条后的最后一个环节。病虫综合治理作为植物保护的基本策略已在德国的《植物保护法》中以法律的形式确定下来，并作为基本理念落实在具体的农业生产实践中[12]。

我国处于《植物保护法》立法的关键时期，在法律依据、执行标准和监管方面需要积极探索，借鉴国外先进经验与技术模式，并应从病虫害防治、高新生物技术、调整农业结构、农业信息化、机械化和低碳农业发展等方面认真调研，根据各个地区的农业发展现状，制定差别化的政策，加大绿色植保领域的投入力度，提出合理的农业发展补贴政策，完善有关技术、法规的系统化、信息化建设，形成具有中国特色的绿色植保体系[13]。

4.2 国外绿色植保政策措施

美国在绿色农业生态环境保护方面建立了一套完整的法律法规体系。美国农业生态环境保护的经验及启示，美国的农业发展实践，使政府认识到科学合理地使用农业投入品，是保护农业生态环境，保障农产品安全的重要环节。根据《环保法》《劳工法》等法律法规，美国联邦政府相关部门制定了一系列农业投入品管理和使用的具体办法[14]。

4.2.1 绿色农业生态环境保护办法

（1）登记注册

美国法律规定，所有的农药都必须在联邦农业部登记，在使用的州注册。美国自1910年颁布《杀虫剂法》以来，农药在一定程度上受联邦管理。但在"二战"前，农药并未广泛使用，立法工作亦无关紧要。第二次世界大战极大地刺激了农药的开发和使用。农用化学工业成为美国国民经济的主要部门。1947年美国国会颁布了《联邦杀虫剂、杀菌剂和杀鼠剂法》（英文缩写为FIFRA，以下简称《农药法》）。此后又经过几次修订，并于1988年10月25日，经里根总统签字颁布。除了《农药法》这部有关农药管理的综合性法规外，美国《联邦食品、药品和化妆品法》中的有关规定也涉及农药管理的部分内容。根据《农药法》和《联邦食品、药品和化妆品法》的规定，美国环保局（EPA）颁布了《农药登记和分类程序》《农药登记标准》《农药和农药器具标志条例》《农产品农药残留量条例》等一系列农药管理法规，作为农药管理的依据。可以说，美国健全的农药管理法规、条例是美国农药管理工作成功的基础[15]。

（2）发放农药使用证

使用农药许可证每年核发一次，使用者分为商业和个人两大类。同时都必须经过严格培训。

（3）监督实施

州农业厅每年对各地农药使用情况进行检查。检查结果向联邦农业部、州政府报告，并以此进一步获得政府的支持。

（4）加强基础研究与监测，确保农产品安全

具体包括风险评估和毒理分析，受危害的动物，农药试验、残留分析等。

（5）农药管理机构

美国的农药管理以联邦政府管理为主，联邦与各州政府相互配合。美国环保局从1970年来对农药的监督和管理负主要责任，其他联邦机构如农业部、食品及药物管理局、职业安全及卫生管理局和消费者产品安全委员会也被授权从事各自专业内的管理。

（6）高度重视生物防治，采取以生物防治为基础的综合防治策略

美国农业生物灾害损失严重，每年仅因外来有害生物引发的损失巨大。美国高度重视生物防治，采取以生物防治为基础的综合防治策略，效果显著，值得学习与借鉴。健全政策法规主要是通过法律、政策限制和规范农药的使用，促进生物防治技术的研发与应用，保障农产品质量和农业生态环境安全，实现可持续发展。增加科技投入主要由政府财政、企业和基金会等3个方面投入。政府非常重视基础和应用研究，以提高对自然规律的认识，变革关键科学领域，并培育新技术，研发新型环保药剂。重视技术研发主要以项目形式推进生物防治技术研究，成果转化率高。强化技术推广主要是以农业部门为主干的教学、科研、推广三位一体的"农业科学、教育和推广体系"，注重信息技术的应用，注重技术的实用性[4]。

4.2.2　绿色农业生态环境保护具体做法

（1）绿色植保理念先行

美国联邦政府为了推广应用绿色植保技术，先就把绿色植保的理念深入各级农业部门官员、大学教授、企业技术研发人员和农场主的心中。同时把有关绿色植保的科研及推广项目列为国家农业科研及推广的重点项目，并提出以"保护生态环境和促进农业可持续发展"为宗旨的植物保护的工作宗旨，以引起人们对绿色植保技术的高度重视与关注，为推广应用绿色植保技术做好前期准备。

（2）通过立法助推绿色植保技术

美国为了促进绿色植保技术的研发和推广应用，保障农产品质量和农业生态环境安全，实现可持续发展，在法规方面制定了一系列法律条例。如美国国会通过农药与食品安全法案，实施了食品质量保护法案，并配套制定和实施了减少和规避风险计划（RAMP）、作物风险管理计划（CAR）。大力推进以生物防治为基础的农作物有害生物综合防控代替以使用农药为主的化学防控。美国农业部分别在2000年和2002年发布并实施了国家有机食品计划（NOP），生物防治技术研究和推广应用是该计划的重要内容[1]。

（3）有稳定的推广经费作保障

美国从事农业技术推广所需要的资金，一般是经过立法程序由各级政府以预算形式向农业技术推广部门提供，联邦政府用于各州的推广经费，也要求各州按一定比例配套，如密歇根州立大学近年一般每年的推广经费为4 000万美元，其中约1/4来自联邦政府、约1/4来自州政府、约1/4来自县政府，社会有关方面赠金约占20%。例如，绿色植保的科研及推广项目被美国列为国家重点推广项目，具有相当比例的经费支撑；用于农业和食品研究的经费中约有40%的经费可用于绿色植保技术的科研及推广[1]。

（4）有全面优质的协同推广团队

为了搞好绿色植保技术的科研及推广，美国组织了由政府、研究机构与推广系统相结合的协同团队，融入多学科多领域的人才（除有农业技术人才外，还有医学、气象学、卫星学、化学和计算机等方面的多学科的人才），为确保绿色植保技术的科研及推广的顺利进行提供全方位的人才支撑。

（5）基层农业技术推广人员待遇较高

在美国，包括县农业技术推广站的推广人员，都是国家公务人员。一般县推广站站长的年工资4万~5万美元，大学本科毕业的推广人员年工资2.8万美元，硕士推广员年工资3万美元。推广人员的年收入平均可达4.5万美元以上。推广人员的福利、保险、退休基金、推广奖励基金及职工家属的保险等全部由政府及州推广站承担。保险金个人承担5%，州推广站承担10%。同时享受国家公务人员的其他待遇。由于推广人员拥有较高的待遇，调动了推广人员的推广积极性，促进了农业技术的更广泛推广应用[1]。

（6）优质的推广服务

美国的农业技术推广十分注重农场主的接受使用特点，在推广绿色植保技术的过程中，为了让农场主能了解使用该技术，有专门的机构——赠地大学组织实施推广工作，一般赠地大学会组织相关人员根据农场主的接受使用特点，将绿色植保技术编写成易被农场主接受的技术推广小册子发放给农场主，并在农作物生长季节定期举办田间小型技术培训（研讨）班。同时将培训班内容和与生产实际相关的视频材料全发布在大学网站上，以确保农场主可以随时查找和咨询相关知识和在生产中遇到的实际问题[1]。赠地大学还会根据具体情况组织相关专家经常到各地巡视，就具体问题提供咨询指导，承担地方推广站所不能或不易做的事情等，尽可能为农场主应用绿色植保技术提供一切方便的服务条件和解决应用中的实际问题。

4.3 国外绿色植保技术模式

4.3.1 绿色植保基本策略

（1）生态调控植物保护体系

影响有害生物的发生是多方面的，在通常情况下，使用单一措施不可能长期有效地控制危害，要根据病情、虫情及环境条件，从整体出发，有选择地运用和系统地安排农业、生物、物理、化学等综合防治措施，要改变以往单一杀死害虫百分率来评价防治效果的做法，任何单一的防治措施都可能产生预料不到的或不能令人满意的结果。应强调各项防治措施的协调和综合，用生态学、经济学、环境保护学观点来全面评价。绿色植物保护技术体系必须充分发挥各种植保措施的优势，在原有植保技术体系上做适当的调整或优化组合，以减少技术应用环节的失误导致的负效应，尤其对生态环境的不良影响，开发生态调控技术，形成以农业防治为基础、抗性品种为核心、生物防治为先锋、必要的化学防治为辅助的植物生态保护技术体系，构建良好的农业生态系统，要从宏观区划、布局、间作、套作、轮作和微观引进天敌、生物防治、抗性品种培育利用等具体措施上考虑[16]。

（2）允许一定数量的有害生物存在

要想彻底根除有害生物，历史经验告诉我们，即使花费巨大的经济代价，最终还是难以如愿。自然规律要求我们必须正视有害生物的合理存在，设法把有害生物的数量和发生程度控制在较低水平以下，即经济受害允许水平以下，为天敌提供相互信赖的生存条件，减少农药用量，维护生态平衡(图4-1)[16]。有害生物是农田生态系统中的一个组成部分，因而防治有害生物必须全面考虑整个生态系统，要依据有益生物、作物、有害生物三者之间的相互作用、相互制约，创造有利于作物生长发育，抑制有害生物生长发育，有利于发挥天敌控制作用的生态条件，而对人类长期生存的环境基本无影响。

（3）合理使用化学防治

在农作物有害生物控制过程中，为了有效及时地控制有害生物的危害，采用化学农药仍然是重要的手段。尤其在害虫暴发或病害流行时，没有化学农药解决不了问题，但在使用化学农药过程中必须做到安全、合理，才能预防和减轻对农产品、环境和人畜的毒害与污染。科学合理地使用农药应抓好四个环节：一是合理选择农药品种与剂型，以减少对有益生物的危害；二是采用适宜的施

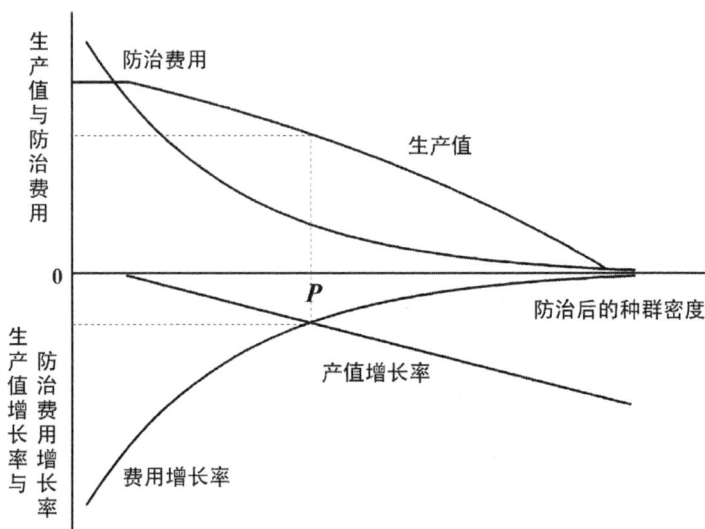

图4-1 生产值防治费用与害虫种群密度的关系

注：根据经济学原理，防治病虫害必须讲求经济效益，即防治后的挽回收益必须大于防治成本，至少应该等于防治成本。生产值增长率与防治费用增长率的等值点，即为病虫害种群经济阈值P。

药方法，以达到满意的防治效果和减少农药用量与飘移污染；三要合理轮换和混用农药，以减少用药次数，减缓有害生物的抗药性的产生；四要将其纳入综合防治体系，充分发挥其他措施的作用，以保护农业生态环境。

（4）综合考虑经济、社会、生态效益

在有害生物的治理过程中，要控制追求短期经济效益，要使防治措施对农田生态系统内外的不良影响减少到最低限度，以获得最佳的经济、生态和社会效益。如在控制温室病虫害中，采取的主要措施有冬季除虫清洁、处理种子、夜间通风降湿（降温）、物理诱杀白粉虱、点片药剂处理病株、尽量使用生物农药和增效剂等，促进系统健康，提高防效，减少农药用量，提高经济效益与生态效益，实现环境安全、生态协调、经济高效、持续发展的目标。

（5）充实基层农业技术推广人员

组建农业技术推广人员团队，制定相关法律、法规，各地应充分了解、应用这些政策，积极创建、扩大基层农业技术推广员队伍，不断壮大农业技术推广团队规模，在推进绿色植保技术中积极发挥作用。在推广中要采用最容易让广大农户对绿色植保技术接受的方式和方法，并向农户提供优质的服务和做好后续的推广服务工作，让使用绿色植保技术生产出的绿色农产品实现优质高价，并以此促使更多农民认识到使用绿色植保技术的好处，以此推进绿色植保技术的广泛应用，以达到保护生态环境，促进农业的可持续发展的目的。

4.3.2 绿色植保技术措施

（1）可追溯管理

采用监控体系，监控机构对有机农业生产者每年至少进行一次全面检查。检查生产者是否有使用《欧洲有机法案》不允许使用的产品，或使用与法案不一致的工艺。检察机构可以进行随机的不事先告之的取样检测，并出具检查报告。采用质量管理体系，有机农业内部管理体系和管理要求保证了有机农产品的高质量和高安全。《欧盟有机法案》对有机农业生产规定了最低要求和监控措施。生产中必须建立可回溯追踪的质量管理体系，对每一地块建立管理记录，记录各种农事活动。如生长记录、农药和肥料等各种投入物质的使用记录、收获产量记录等，保证有机农业生产全过程都处于可回溯追踪的质量管理体系的监控下。建立有机农产品编码系统，保证通过编码可追溯至每一批次生产记录，对平行的非有机生产也实施同样的监控，确保避免对有机农产品的混淆和污染。只保存允许使用的农药、肥料等，对有机农产品的物流设立台账，详细记录使用品牌、厂家、进货时间、进货商家、使用情况，确保这些物品不会误用，造成污染[13]。

（2）病虫草害防治技术

采取积极的预防措施控制病虫草害，如选择远离病原菌的种植地区、安排合适的播种期、清沟排渍、通风透光；清除或毁灭染病植株、去除选择性寄主和杂草寄主、土壤处理等根除病原菌；选育抗病品种、培养健壮植株、接种弱致病性病毒，提高植株抗性。培育天敌，防治害虫；通过合理轮作、休耕和秸秆覆盖控制杂草。这些措施要根据实际的情况科学安排实施方案。如制定轮作倒茬计划可以有效地减少病虫害的发生，根据病菌虫卵在土壤中的存活年限设计轮作方案，如黄瓜细菌性角斑病、茄子褐纹病、番茄青枯病等土传病害的预防必须设计2～3年的轮作方案。在长江流域的农业生产中可推行水旱轮作，这样会改变和打乱病虫草害发生的生态环境，达到控制病虫草害的目的。

再如，根据作物特性科学地制定灌溉排水方式可以有效地控制土壤中病原物的活动、传播以及病虫害的发生。应做到路相通，渠相连，确保涝能排、旱能灌。如：大白菜软腐病、茄子绵疫病等多发生在排水不畅，地面潮湿的情况下；番茄、辣椒青枯病主要发生于久旱骤雨、久雨骤晴、局部积水不退、气温升高时。细菌性病害会因为大水漫灌而蔓延，应根据当地情况和作物制定合理的灌溉方式（如滴灌、喷灌、渗灌等），尽量减少大水漫灌[17]。

克服土壤病虫害和重茬问题一个直接有效的手段就是进行土壤消毒，可以有效地防除土壤中的病原真菌、细菌、线虫、地下害虫及杂草等。国外应用较多的土壤消毒方法，如：太阳能结合生物熏蒸消毒、热水消毒、蒸汽消毒等方法均能取得良好的效果。太阳能结合生物熏蒸消毒是指在高温季节将新鲜的家禽粪便结合麦秆等与土壤混合，通过较长时间覆盖塑料薄膜，提高土壤温度，并产生氨等杀菌物质，借以杀死土壤中包括病原菌在内的许多有害生物（图4-2）。太阳能消毒一改人们在寒冷季节用塑料薄膜给植物保温的传统，将之用于植物土传病害的防治并取得理想的效果，为植物保护提供了新的视角和活力。由于它具有效果显著、经济简单、对生态友好等诸多优点，其研究和应用日益受到人们的重视。热水消毒是采用机械将热水注入土壤，高温热水在一定程度上能够杀灭土壤中的有害生物（图4-3）。蒸汽消毒技术是通过高压密集的蒸汽，杀死土壤中的病原生物。此外，蒸汽消毒还可使病土变为团粒，提高土壤的排水性和通透性，如图4-4所示[18]。

图4-2　太阳能结合生物熏蒸消毒
（李园，2011）

图4-3　热水消毒
（曹坳程，2007）

（3）农业耕作技术

长期种植同一种作物会导致病虫害加重。利用时空差异合理

图4-4　蒸汽注射消毒
（曹坳程，2007）

轮作，改变农田生态、改善土壤理化特性、增加生物多样性。通过轮作恶化病虫生存条件，免除和减少单一植物特有的病虫草害。通过间（混）作和套种改善田间小气候、降低敏感性植物的密度，减少病原菌侵染机会。利用害虫对特殊颜色或背景敏感、植物分泌物、机械隔离、小气候利用等防治害虫。

（4）无病种苗技术

选择抗逆性强的作物种类及品种，及时清除混杂的杂草种子和带病虫的种子，选用饱满、均匀的优良种子，达到减少杂草和病虫中间寄主，减轻病虫草害。通过晒种杀灭种子表面的病菌，促进种子后熟，提高种子出苗率；浸种、干热消毒法杀死隐藏在种子中的害虫和病菌，提高种子活力，最终获得无病健壮的种苗。在意大利都灵地区，番茄无病育苗已实现工厂化生产，从育苗基质装入穴盘到自动精确播种，全程流水化作业，工作人员只需通过电脑操作流水化作业机械，然后将播好种的穴盘运走置于适宜的温湿度条件下培育。据当地专家介绍，番茄工厂化育苗生产的优点是：节约大量人力、物力，一部流水作业机械就可以完成全部工作，且能够精确播种，出苗率高，出苗整齐。中国目前也有番茄基质育苗自动化生产装置，只是在播种技术方面仍需向国外专家学习，争取引进国外先进的静电播种技术。

（5）作物健身栽培技术

通过有机农业植物营养和培肥措施，保持和提高土壤肥力、改善农田生态、保证土壤生物活性、增强植物抗逆能力，减少病虫害。在优先考虑生物、生物技术、植物育种以及农业栽培技术等植物保护措施的基础上，最后才允许按规定使用收录的化学农药产品。《欧洲有机法案》还规定了特定的使用方式和使用范围，不允许使用转基因生物及其衍生物；不允许使用没有收录在《欧洲有机法案》的物质；产品可以由收录的有效物质组成或包含收录的有效物质；同时农药的使用必须符合欧盟成员国特定农药使用的法律法规。作物健身栽培技术主要包括：

① 植物源和动物源物质及使用范围。经监控机构同意可限制使用的物质：天然印棟作为杀虫剂；烟草提取物（水溶性），限于亚热带果树（橘子、柠檬）和热带果树（香蕉）的飞虱上使用，并且在果树生长前期使用；水解过的蛋白质作为诱饵，可以和收录的其他适宜产品一起使用；除虫菊酯，天然除虫菊的提取物作为农药使用；鱼藤酮及其提取物作为杀虫剂使用。可直接使用的物质：蜂蜡在剪枝伤口使用；明胶作为杀虫剂；卵磷脂作为杀真菌剂；植物油（薄荷油、松油和兰芹子油）作为杀虫剂、杀真菌剂和萌发抑制剂；苦木的提取物作为杀虫剂和驱虫剂。为促进生物农药的登记，鼓励生物

农药发展，美国EPA采取了一系列的措施，如成立专门的管理机构、减免登记资料、减少登记审批时间等。2009—2011年3年期间，美国EPA新登记了30多个生物农药品种，其中部分植物源农药见表4-1[19]。

表4-1　2009—2011年间美国登记的植物源农药（部分）

英文名称	中文名称	农药类别	登记作物	EPA登记号	批准日期
（E,Z）-2,13-Octadeca dien-1-ol	（E,Z）-2,13-十八碳二烯醇	性信息素生化农药	梨果、核果、坚果和苗圃作物	53575-40	2011年8月23日
Oregano oil	牛至油	杀菌剂生化农药	建筑物外部苔藓	84316-1	2011年3月14日
Abscisic acid	S-诱抗素	植物生长调节剂生化农药	水果和蔬菜	73049-460,461,462	2010年2月28日
Homo-brassinolide	同源-芸苔素内脂	植物生长调节剂	所有的食用作物	69361-17	2010年6月14日
Chenopodium ambrosoides extract	Chenopodium Ambrosoides 的植物提取物	杀虫剂生化农药	观赏作物、温室、草坪	69592-24,25	2010年6月30日
Cry1Ac in MON87701	MON87701 大豆上的 Cry1Ac毒素	PIP杀虫剂 PIP农药	大豆	524-394	2010年9月10日
Indole	吲哚	引诱剂生化农药	食品作物和观赏作物	84565-2	2009年6月2日

　　② 用于害虫生物防治的微生物。纯活性微生物（细菌、病毒、真菌）制品，不包括转基因生物。当前市场上常见的杀虫品种有阿维菌素、甲氨基阿维菌素苯甲酸盐、苏云金杆菌、除虫菊素、多杀菌素、乙基多杀菌素等。其中，阿维菌素、甲氨基阿维菌素苯甲酸盐用量最大，苏云金杆菌也占有一定市场份额，其他品种市场销量较小。杀菌品种有申嗪霉素、蜡质芽孢杆菌、枯草芽孢杆菌等。2009—2011年3年期间，美国EPA新登记的微生物源农药（部分）见表4-2[19]。

表4-2　2009—2011年间美国登记的微生物源农药（部分）

英文名称	中文名称	农药类别	登记作物	EPA登记号	批准日期
Typhula phacorrhiza 94671	94671菌株	杀真菌剂微生物农药	草坪	84888-1,2	2010年11月2日
Bacteriophage of Clavibacter michiganensis subsp michiganensis	番茄细菌性溃疡病菌的噬菌体	杀细菌剂微生物农药	番茄	67986-6	2011年9月30日
Paecilo myces fumosoroseus Strain FE 9901	玫烟色拟青霉FE9901菌株	真菌-杀虫剂微生物农药	蔬菜和草本作物（温室）	73314-6,7	2011年
Chromobacterium suBtsugae PRAA4-1T	PRAA4-1T菌株	杀虫剂微生物农药	粮食作物、草坪和观赏作物	84059-9	2011年8月26日
Trichoderma asperellum	棘孢木霉	杀真菌剂微生物农药	水果、蔬菜、观赏植物	80289-11	2010年2月5日
Ulocladium oudemansii	无	杀真菌剂微生物农药	水果、蔬菜、观赏植物	75747-R	2009年10月19日
Candida oleophila Strain O	梭子蟹假丝酵母菌O型菌株	杀真菌剂微生物农药	苹果和梨	84863-1	2009年6月1日

③ 允许用于诱集的物质。磷酸氢二铵作为诱饵，可用于昆虫诱集。外激素作为诱饵用于性干扰法，仅用于诱集；合成除虫菊酯类作为杀虫剂，用于特种诱饵，防止橄榄蝇和地中海实蝇危害的使用，使用的必要性需监控机构认可。在诱集昆虫过程中，此类物质必须避免进入环境和接触所栽培的作物，使用后必须收集并安全清除。

另外，利用诱集植物防治害虫可减少杀虫剂用量，在诱集效果很好的情况下甚至可以不施农药。既降低了施药成本、减少环境污染，又能有效保护天敌。因此，诱集植物是一种重要的传统农业防治技术。目前在现代害虫综合治理中亦具有重要作用。常见的诱集植物见表4-3[20]。

表4-3　常见诱集植物

农田系统	诱集植物	主栽植物	靶标害虫
蔬菜	南瓜	黄瓜	瓜条叶甲
	玉米	番薯	叩头虫
	马铃薯	番茄	马铃薯甲虫
	白菜	花椰菜	油菜露尾甲
	芥菜	十字花科植物	十字花菜跳甲
	玉米	葫芦	瓜实蝇
	豇豆	大豆	壁蟓
果园	油菜	桃	牧草盲蟓
	小麦	草莓	黯金针虫
	洋甘菊	草莓	牧草盲蟓
	狐尾草	蔓越橘	金草蝝
	灌木蒿	油桃	西花蓟马
大田作物	苏丹草	玉米	钻心虫
	玉米	烟草	谷实夜蛾
	高粱	棉花	棉铃虫
	油葵	棉花	棉盲蟓
	向日葵	花生	斜纹夜蛾
	香根草	水稻	二化螟

④ 采用综合防治措施，减少农药药剂的使用量。做好农药减量降排的工作，减少农作物中农药的残留和危害，推广使用高效低毒的新型农药药剂时，还应该大力地推动农业防治措施、物理防治措施、生态防治措施和生物防治措施，在实施绿色植保工作的过程中，应利用这些措施进行综合防治，使绿色植保防治措施发挥出最大的作用。

⑤ 采用无土栽培新技术，减少病虫害发生。近年来，国外较发达国家广泛采用无土栽培技术，减少土传病害及其他病、虫害发生。在意大利都灵地区，番茄栽培普遍采用温室岩棉无土栽培技术，在少数地区，番茄生产采用传统的塑料拱棚栽培技术。据当地专家介绍，采用传统的塑料拱棚栽培技术，在一定程度上能够节约生产成本，但往往在番茄连续种植1～2年之后，土传病虫害发生严重，必须进行土壤消毒处理，才能种植下茬作物。采用温室岩棉栽培技

术，一次性投入成本较高，但在番茄整个生长期都易于管理，而且很少有病虫害发生，减少了后期病虫害管理方面需投入的人力、物力，而且番茄长势好，座果率高，易于采摘。意大利温室岩棉栽培如图4-5所示。

图4-5 意大利温室岩棉栽培

（李园，2012）

4.4 国外绿色植保经验借鉴

农业有害生物引起的农业生物安全问题是21世纪国际社会面临的共同挑战，已引起国际社会的广泛关注和各国政府的高度重视，纷纷出台新的法律、法规和国家计划，加强国家农业生物安全的能力建设，新建或扩建农业生物安全研究基地和基础设施，投入巨资支持科学研究和人才培养，以满足维护国家农业生物安全的重大需求[21]。借鉴国外绿色植保的先进技术与经验，可以更好地指导我国绿色植保的科学发展。

4.4.1 荷兰、以色列绿色植保技术推广的经验借鉴

荷兰和以色列两国农业具有共同特点：人多地少、农业资源贫乏、人口高度密集，而农业却取得了举世瞩目的成绩，尤其在园艺、畜牧业和农产品加工等领域，农产品竞争力位居世界前列[22]。他们的特色经验，值得借鉴思考。

政府高度重视科技投入和创新。以色列农业科技的重点是政府对农业科技的支持，大量引进外来资源，将知识转化为财富而出口，以色列人从事科技研

究的比例和投入研究与开发的资金与国民生产总值之比，在世界上都是很高的。在荷兰，国家每年用于教育和研究的经费占总支出的比例也很高[23]。

组织高度集约化、现代化的生产。在荷兰，园艺业用地只占全国农用地的3.2%左右，产值却占了35%以上。以色列农业生产要素投入高度节约和循环利用，如采用喷灌、滴灌措施，最大限度地高效利用水资源，利用微咸水；实施农作物品种改良；少土或无土栽培等[22]。

成立适合国情的农业组织和合作社。高度组织化的生产方式，合作社与中介组织的服务周到，农场数量越来越少，规模越来越大。农民可参加几个合作社，如生产合作社、加工合作社、销售合作社、金融合作社等，并参与农产品每个增值环节的利润分成。

普及科学技术，提高农民素质。农民的知识水平高，以色列的农民普遍接受过高等教育。在荷兰，农民受到良好职业教育培训，农民、农场主高度专业化，农业劳动生产率高居世界第二[22]。

高效的营销链条，周到的政府服务。政府没有直接参与农业产业规划和生产，其主要的职责在于提供服务。荷兰在39个国家设立了43个农业参赞处或代表处，为该国农业提供国际贸易服务[22]。

4.4.2 美国绿色植保技术推广的经验借鉴

美国高度重视生物防治，采取以生物防治为基础的综合防治策略，取得显著效果。

法律完善是前提。美国的《莫里尔法案》《哈奇法案》《史密斯—利弗法案》等要求每个州必须建立1个以农业科研为主的赠地大学（Land—gram universities，是根据莫里尔法案规定，将联邦政府拥有的土地赠予各州来兴办、资助的教育机构。这些大学的宗旨在于教授农学、军事战术和机械工艺等），每个赠地大学建立1个农业试验站，使高等农业教育增加了农业技术推广职能。

理念先进是基础。美国的植物保护工作以"保护生态环境和促进农业可持续发展"为宗旨。绿色生态理念贯穿始终，技术措施兼顾经济、生态、社会效益。政府投入巨大资金研发绿色植保技术和产品，推广实施以生物防治为基础的综合防治。绿色生态理念已深入各级农业部门官员、大学教授、企业技术研发人员和农场主的心中，成为指导其工作的根本原则[24]。

企业创新是关键。美国跨国公司将年销售额的10%左右作为研发费用，并长期持续投入，将追求技术先进作为他们实现经济高效的首要途径[24]。

协同推广是保障。美国采取多部门、多学科协同的方式推进生物防治技术的研发和推广工作。主要做法是"项目带动、政府支持和市场化相结合；政府、研究机构与推广系统相结合；研究与推广一体化"。政府和社会投入巨资。以项目形式支持农业高新技术研发和推广，占领农业科技的制高点，并迅速抢占市场；多学科融合加快农业技术研发速度。生物防治科研部门有多学科人才。除农业技术人才外，还有医学、气象学、卫星学、化学和计算机等方面的人才。大学与各级政府合作设立基层农技推广机构，协同推广包括生物防治技术在内的先进实用农业技术[24]。

4.4.3 制约中国绿色植保技术推广的原因

（1）绿色植保技术的推广难以广泛落到实处

中国倡导绿色植保，政府也高度重视绿色植保技术，在推行绿色植保过程中，中国政府早在2001年11月29日就制定了《农药管理条例》，按规定在蔬菜、瓜果、茶叶和中药材不得使用剧毒、高毒农药，提倡通过使用绿色植保技术来防治农业有害生物，如何让农户通过使用绿色植保技术来取代使用剧毒、高毒农药方面的配套工作是个难点，绿色植保技术的推广难以广泛落到实处，我们仍需努力，使绿色植保技术与理念在农业行业领域真正深入人心，尤其是深入直接从事农业生产的农户心中[25-27]。

（2）缺乏基层农业技术推广员

与美国从事一项农业推广拥有一个融多方人才的协同推广团队相比，中国现行的农业技术推广体系中，一些县乡甚至严重缺乏具备专业农业技术的推广人员，因此更没有条件组织起一支优秀的协同推广团队从事专门的农业技术推广。在这样的一个现实情况下，绿色植保技术难以在这样的地区进行广泛推广应用。

（3）推广服务质量有待提升

中国现行的农业技术推广体系中，从事农业技术推广人员没有美国农业技术推广人员那样高的待遇，尤其是基层农业技术推广人员，因他们所从事的工作环境艰苦，工资待遇低，社会地位低，很难调动其工作积极性，为使用绿色植保技术的农户提供优质的推广服务。加之中国目前绝大多数农户的文化基础差，接受新技术难，他们在使用绿色植保技术的过程中，一旦遇到难于解决的问题而又无人主动帮助解决时，便会大大挫伤农户继续应用的积极性，继而对使用该技术的作用产生怀疑。有些绿色植保技术，因在广大的农村缺少基层农业技术推广人员的服务，致使许多农户未按科学的方法使用而影响了效果。

4.4.4 助推中国绿色植保技术推广应用的探讨

（1）用国家法规强化推广力度

中国与美国一样，为了促进绿色植保技术的研发和推广应用，保障农产品质量和农业生态环境，仍立有许多法律法规，如《农药管理条例》《食品安全法》《环境保护法》《植物检疫条例》等，但在宣传贯彻执行这些法律法规时有偏差，贯彻执行力度不严。所以，中国应加大贯彻执行法律法规的力度，向广大农户大力宣传绿色植保方面的法律法规，告知广大农户再沿用哪些传统技术有可能触犯国家法律法规，以引导广大农户主动积极去了解更多的绿色植保技术和应用绿色植保技术。在广大农户主动积极了解应用绿色植保技术的基础上，再与科研院所或生产企业及营销企业联手，大力宣传推广应用绿色植保新技术。

（2）充实基层农业技术推广人员

美国之所以能成功推广应用绿色植保技术，是因为有一支稳定的优秀的协同推广团队作保障。中国目前在广大的农村虽然没有更多的条件组建优秀的协同推广团队，但国家已从实际出发，制定出了"启动基层农业技术推广机构特设岗位计划"的相关政策，各地应充分应用这个政策，积极争取充实基层农业技术推广员，不断壮大农业技术推广队伍，在助推绿色植保新技术中发挥积极的作用。

（3）切实提高基层农技推广人员待遇，调动其工作的积极性

面对当今"谁来当农民，谁来种地"已成为社会各界关注焦点的一个农业大国，现今随着国民经济的发展和国力的增强，应充分借鉴美国的经验，对从事农业技术推广的基层农业技术推广员，参照中国国土、工商、税收等部门的做法，给予基层农业技术推广人员国家公务员的待遇，提高工作待遇和社会地位，吸引更多拥有农业专业技能的高素质有志青年加入基层农业技术推广队伍，充实和稳定基层农业技术推广队伍，提高基层农业技术推广队伍的素质，调动其积极性，为推广应用绿色植保新技术提供优质服务。

（4）争取优惠政策或项目资金支持

中国在农业技术推广经费上，虽然没有像美国一样具有通过立法来预算农业技术推广项目的经费，但随着国家对农业的越来越重视，对农业领域的投资也在一年比一年增加，尤其是对保障农产品质量和农业生态环境的绿色植保技术方面，优惠政策及经费支持力度更大。因此，各地可根据具体情况积极申报或争取有关绿色植保技术的推广项目的优惠政策及经费。

（5）提供优质的推广服务

中国基层农业技术推广员在向农户做推广服务工作时，应借鉴美国农业技术推广员注重使用者感受的特点，充分考虑中国农户的具体情况，采用最易让农户对新技术接受使用的方式与方法向农户提供优质的服务。如将有关绿色植保新技术资料编写成图文并茂、简单易懂的宣传册发放给广大农户，让农户有兴趣认知了解该技术。在农户认知了解该技术的基础上，再通过培训、示范及指导，为农户提供直观、形象、方便学习掌握使用该技术的服务环境，并在农户使用该技术的过程中，做好后续的推广服务工作。如收集使用农户的反馈信息，帮助使用农户解决使用过程中的实际问题，对农户使用绿色植保技术生产出的农产品，协助他们成立专业合作组织，疏通其销售渠道，让使用绿色植保技术生产出的绿色农产品实现"优质优价"，并以此刺激更多农户使用绿色植保技术，以此推动绿色植保技术的广泛应用，保护生态环境，促进农业的可持续发展[26, 27]。

（6）完善相关法律法规

当前植物保护发展已经从以前单一品种、单一地区的植物保护向多品种、生物技术应用和国际性发展，因此我国《植物保护法》亟待推出。通过该法的制定，可以建立和完善重大病虫害监测预警和预报制度、植物检疫制度、重大病虫害防治制度、防控工作保障制度和监督管理制度，从而更好地为我国植物保护的发展提供法律保障和指导。

参考文献

［1］陈慧.借鉴美国经验助推中国绿色植保技术的广泛应用[J].世界农业,2012(11): 20-22.

［2］周剑锋.绿色植保在农业生产中的发展及意义[J].现代园艺,2012(2): 37.

［3］夏敬源.公共植、绿色植保的发展及展望[J].中国植保导刊,2010,30(1): 5-9.

［4］夏敬源.美国推进生物防治工作的做法、经验和启示[J].中国植保导刊,2010,30(6): 45-47.

［5］刘波,冒乃和,陆萍.欧盟有机农业植物保护的理念和技术措施[J].植物保护,2004,30(1): 71-75.

［6］郭文超,Jozsef K,董元兴.匈牙利农业及其植保技术研究与应用[J].新疆农业科学,2007,44(3): 307-311.

［7］姜玉英,冯晓东,赵中华,等.荷兰的植物保护[J].中国植保导刊,2010,30(2): 46-48

［8］袁涓文.荷兰有机农业生产状况及启示[J].贵州农业科学,2010,38(1):207-210.

［9］屈西峰.荷兰的农业生产和国家植物保护局[J].中国植保导刊,2006,26(2):45-47.

[10]沛新,李显军,郭春敏,等.以意大利为例浅谈欧盟有机农业发展促进机制[J].世界农业,2005(4):11-15.

[11]周清,邓健.欧盟各国有机农业支持政策比较研究[J].农机化研究,2008(9):219-223.

[12]刘波,冒乃和,Sengonca C.德国植物保护方面重要的法律法规[J].江西植保,2003,26(3):129-135.

[13]吴丽群,赵晓燕,王绍辉,等.欧盟有机农业的植物保护政策及其对我国农业发展的启示[J].河南农业科学,2012,41(7):102-106.

[14]江平.美国农业科技推广的经验与启示[J].绵阳经济技术高等专科学校学报,2000,17(4):44-45.

[15]张存政.美国农药管理体系及与我国的比较分析[J].农产品质量与安全,2011(2):56-59.

[16]中国农业百科全书总编辑委员会.中国农业百科全书·植物病理学卷[M].北京:中国农业出版社,1996.

[17]汪李平,朱兴奇,赵庆庆.有机蔬菜病虫草害防治技术[J].长江蔬菜,2013,03:3-8.

[18]曹坳程,王久臣.土壤消毒原理与应用[M].北京:科学出版社,2016.

[19]吴厚斌,郑鹭飞,刘苹苹.近年来美国登记的生物农药品种[J].农药科学与管理,2012,33(3).

[20]梁齐,鲁艳辉,何晓婵,等.诱集植物在害虫治理中的最新研究进展[J].生物安全学报,2015,24(3):184-193.

[21]陈万权.国内外植物保护科技现状与发展战略[C].2006.

[22]刘晓燕.荷兰、以色列农业对贵州农业区域经济发展的借鉴[J].中国农业资源与区划,2009(3).

[23]厉为民.创造世界奇迹的荷兰现代农业[J].今日浙江,2007(1).

[24]夏敬源,熊延坤,王凯学,等.美国推进生物防治工作的做法、经验和启示[J].中国植保导刊,2010(6).

[25]郑俊,王立阔.加深对"公共植保"、"绿色植保"的理解和认识[J].辽宁农业科学,2007(2):56.

[26]眭克仁.我国农业推广体系及发展对策[J].安徽农业科学,2008,36(11):4750-4752.

[27]陈夏莉.我国农业推广体系现状、存在问题及对策[J].广东农业科学,2011 (16):175-177.

05／第五章 国外畜禽养殖污染防治政策与技术

5.1 国外畜禽养殖污染防治概述

5.1.1 国外畜牧业发展现状

全球范围内，畜牧业发展强国主要分布在以德国、爱尔兰、荷兰、丹麦为代表的欧盟，以美国、加拿大、阿根廷为代表的美洲，以澳大利亚、新西兰为代表的澳洲和以中国、印度、日韩为代表的亚洲。各地区、各国畜牧业发展各具特色，但大多历经由散养向集约化、规模化的趋势转变，也都在发展的过程中不可避免地会遇到对水体、土壤、大气造成的环境污染问题。为此，这些国家结合国情颁布实施了一系列行之有效的政策法规和技术措施，并在多年实践中不断探索完善，这其中的许多成功经验对我国不断推进畜禽规模养殖业的可持续发展、实现"三生"共赢具有很好的借鉴意义。

5.1.2 国外畜禽养殖污染防治概述

欧盟畜牧业历史悠久，规模化、组织化程度高，在世界畜牧业经济中占据重要地位。为防治畜牧环境污染，欧盟环保政策主要从两方面着手：一方面制定翔实的畜禽环境污染控制法律法规，严控畜禽粪污的排放标准；另一方面采取扶持政策，鼓励养殖场粪污无害化处理和资源化循环利用。在这种环境政策驱动下，欧盟主要成员国在粪污处理处置方面不断改进，并总结出几种先进的粪污处理工艺技术，对我国畜禽规模养殖粪污处理有很高的参考价值。

美国是世界上畜牧业最为发达的国家之一，主要表现在畜牧产品生产及畜禽养殖的机械化、规模化、专业化水平高。为了兼顾经济和环境效益，美国政府在畜禽规模养殖过程中制定了一系列环保对策，推行环境友好型技术模式，用于防治规模化畜禽养殖场生产经营过程中可能对水体、土壤、大气环境造成的污染，并促进废弃物的资源化利用。这些措施和手段为我国目前规模养殖过程中所遇到的环境问题提供借鉴。

澳洲以奶牛养殖业为代表，现代化和机械化水平相当高，科技含量高。最主要的特点就是畜牧业各个环节生产作业均由机械来完成。澳洲国家十分重视畜牧业对环境的影响，制定了严格的污染防治法规及标准，对畜牧饲养规模、场地选择、污染排放量及处理系统等都做出了具体要求，对粪污的治理尤以先进的生物净化方法闻名全球。

日本很早提出"一杯牛奶强壮一个民族"的口号，畜牧业在其国民经济中占有极其重要的地位，奶业生产水平也跻身于世界前列。日本畜禽养殖经历了粗放型向集约型的转变过程，虽然依旧保持以家庭农场为主的经营模式，但其现代化养殖技术和机械化生产方式逐步实现了规模化养殖业的崛起。在人口密集、山多地少、饲料匮乏的岛国，日本畜牧业之所以发展步伐迅速，离不开政府采取的一系列环保型政策措施，对我国具有很好的借鉴作用。

5.2 国外畜禽养殖污染防治政策措施

5.2.1 欧盟畜禽养殖污染防治政策

（1）欧盟畜禽养殖污染防治法律法规

近年来，随着欧洲畜牧业规模化程度的提高以及散栏养殖模式的普及，养殖场环境控制问题日益突出。畜禽废弃物包括粪便、污水、臭气，其中所含的有机物、氮、磷、病原微生物以及其他化学成分不仅会危害畜禽健康，也会通过土壤、地表水和地下水污染环境，甚至形成公害。对此，欧盟及各成员国纷纷出台了一系列防控畜禽养殖场环境污染的法律法规。20世纪90年代，欧盟通过了新的环境保护法。

①水体污染防治。至今得以成功实施的莫过于《欧盟水框架指令》，该法整合了欧盟原有零散的水资源保护法律法规，要求各成员国对其境内每个流域制定一套行动计划，细化本国的法律法规，逐一实现规定中的目标。指令要求成员国运用最佳可行技术（BAT）来控制排放，制定排放限额；在非点源污染影响防控成效的情况下，适当采取最佳环境应对方案[1]。当欧盟依法制定比该指令的规定更为严格的排放限值和环境质量标准时，各成员国也需要制定相应

甚至更严格的减排标准。这些规定也限制了养殖业的排放标准，以此来保障欧盟优质水资源的永续利用。特别需要指出的是，欧盟《硝酸盐指令》中规定在硝酸盐敏感区域（即氮氧化物排放至水体中容易造成污染，并需要特殊保护的脆弱区域），氮的排放上限为每年170kg/hm²。

②土壤污染防治。欧盟委员会在2006年9月提出《土地保护框架指令》，该指令旨在应对土地毁坏和退化问题，其法律文本是迄今为止欧盟定义的第一部土地保护框架法律，提出了土地保护的共同目标，并给予了成员国极大的灵活性以选择不同的方式实现该共同目标。各成员国也针对自身实际制定了一系列针对畜禽粪肥施用土壤的规章制度，如荷兰规定每公顷土地饲养2.5头牛以上的牧场，氮和硝酸盐的使用量和排放量须进行登记，且农场主要缴纳粪便费[2]；德国规定每年11月份到翌年2月份禁止向农田倾倒粪便，土地主管部门有责任调查因牲畜饲料使用和污水流经而造成的土壤退化现象等。丹麦为减少粪便污染，根据每公顷土地可容纳的粪便量限定畜禽最高密度指标；施用裸露土地上的粪肥必须在施用后12h内犁入土壤中，在冻土或被雪覆盖的土地上不得施用粪便，且每个农场要达到储存9个月的产粪量的贮粪能力；挪威规定了粪便堆肥还田的标准；法国将农场排放的污水含氮量限定在140～150kg/hm²[2]。

③大气污染防治。畜禽养殖过程会产生大量的恶臭气体和温室气体，还有来自粪便在堆放过程中有机物的腐败分解产物，包括甲烷、二氧化硫、氨、醇类等200多种有害成分，严重影响养殖场所在地区的空气质量。欧盟涉及畜禽养殖业大气污染防治的重要立法是《欧洲环境空气质量和更加清洁空气质量》（2008年），其中规定了空气中二氧化硫、二氧化氮、甲烷等的含量。丹麦、瑞典等国为防治养殖场氨气逸出，对粪浆处理场地的加盖封存进行强制性规定，丹麦为防止养殖区空气污染对居民健康造成的影响，规定了养殖区域与居民区的最小距离；英国规定畜牧业必须远离大城市，与农业生产紧密结合，预防畜牧业污染物通过空气污染居民区。

（2）欧盟主要成员国畜禽污染防治法律法规

①德国畜禽污染防治政策法规。在德国，为了控制与畜禽养殖有关的环境问题，进行改造、扩建、畜禽场建筑物及设备运行等行动时需要取得许可证，审批工作取决于养殖场的位置、养殖规模及对环境的影响，特别是气味影响[1]。根据德联邦对污染物排放及大气污染控制法案审批程序，养殖场主必须提供排污系统说明、污染物类型、排放量、污染源位置及尺寸数据，对减少污染物排放和尽可能避免对环境影响所采取的措施详细说明。审批机构也会对粪便的数量及成分（含氮量）进行评估。据规定，包括畜禽养殖场和

粪便处理场所都必须与居民区保持一定的安全距离，保障居民免受臭气滋扰。

②荷兰畜禽污染防治政策法规。在荷兰，奶牛养殖密度尤其高，每年粪便产生量近1亿t，其中1/6过剩[2]。荷兰政府高度重视粪肥施用过程中有害气体的排放问题，对排放于大气中的污染物做出规定，要求养殖场必须使用低污染排放技术；实行"绿色标志"用以建设低氨挥发的畜舍；为防止气味散发影响附近居民生活，规定建立复杂模型用以计算养殖场与周边居民区等敏感目标之间的距离。针对土壤污染防治，荷兰规定粪便贮存设施必须封盖，仅可在秋冬季施用粪肥，并于24h内完成注入，一旦确认耕地施肥量饱和时，必须将多余的粪肥运送至其他农场。

③英国畜禽污染防治政策法规。英国基本上无畜牧污染，其环境管理系统非常完善。为保护水源和土壤，英国优良农耕法规定，粪便施用上限标准为250kg/hm^{2}氮肥；冬季不允许施用化学氮肥及粪肥；政府鼓励农民于秋冬季节在闲置土地上种植覆盖作物。此外，还规定畜禽粪便贮存设施距离水源应至少10m远，设施贮存能力至少达到4个月，并须防渗漏。气味、噪声污染防治方面，规定了养殖场与任何保护性建筑之间必须有400m以上的隔离区域[3]。

④比利时畜禽污染防治政策法规。国家环境行动方案是比利时控制养殖业环境污染的主要依据，其中包括畜禽养殖场和粪污贮存场所的结构和粪污处理规章制度等。比利时政府提出了饲喂环节源头控制；将粪肥施用于适当的土壤或经过预处理后需达标；通过末端治理措施进一步消除而不会造成跨区域的环境问题。在废弃物减量法中，对排入大气中的污染做出规定，如关于畜舍和粪便存放地的氨排放，其他贮存设施和粪便干燥设备排放的粉尘污染物，以及原位焚烧设备排放的氨气、氮氧化物和硫化氢等污染物。[2]

（3）欧盟畜禽污染防治扶持政策

①法律法规支持。20世纪80年代末开始，欧盟一些国家对养殖场环境管控给予相应支持。德国《水资源管理法案》（1987年）规定，对于养殖场主因严格执行规定而造成的经济损失予以合理补偿。欧盟《可再生能源发展战略白皮书》（1997年）规定，到2010年可再生能源提供电能占比需达到12%；德国《可再生能源法》（2004年）进一步规定，到2010年由可再生能源提供的电能应占到12.5%，到2020年至少占20%；奥地利《绿色电力法》（2002年）鼓励建设消化能源作物与畜禽粪便的沼气工程，其上网电价比消化有机物的沼气工程上网电价高25%[2]。

②金融政策支持。金融政策支持是欧盟及其成员国推进畜禽养殖场生态环境保护的重要方法之一。欧盟充分发挥公益基金等政府性资金的投资杠杆作

用，以此来减轻养殖场主在粪污处理上的经济压力。典型的如英国碳基金、荷兰清洁发展机制基金、荷兰欧洲碳基金、意大利碳基金和西班牙碳基金等。基金采取政府投资、市场化运作模式，在形式上与独立企业的营运方式类似。政府不干预碳基金公司的经费开支、投资和工作人员的工资奖金等具体经营业务。通过设立碳基金，投资低碳经济、节能减排，实现发展低碳经济目标。养殖场主可采取现代化粪污清理设施和先进的处理工艺，减少温室气体排放，达标的养殖场即可申请碳基金[4]。

③财政支持。欧盟《农村发展战略指南》（2007—2013年）规定，经过批准的项目和计划所需资金主要由欧洲农业发展基金提供，其中农业环保支付金额占全部农村发展项目措施支付额的22%；对于农场主引进设施设备处理畜禽粪污的，予以额度为养殖场建设资金10%的补贴。法国《农业污染控制计划》限制养殖规模和养殖特定区域，禁止在土地上直接喷洒猪粪，对于采取环保措施降低氮化物、硝酸盐等污染物排放的，给予一定的公共资助；农业经营单位的生产经营活动达到合同规定的环境标准时，政府给予相应补贴。荷兰《污染者付费计划》规定，按照粪便的排放量征税，征收标准为每公顷土地平均产生粪便低于125kg的免税，125~200kg的每千克征收0.25荷兰盾，超过200kg的征收0.5荷兰盾，如果农场主将粪便出售给用户而使每公顷土地产生的粪便低于125kg或者将粪便出口的，其税率可降至0.15荷兰盾[5]。英国在生物质能发电初期，对建设初始设备资金提供40%的投资补贴[6]。

5.2.2 美国畜禽养殖污染防治政策

美国通过完善配套的政策、法律、标准和措施，建立起一个以联邦政府环保法规为核心，以州级政府规章制度为补充，以地方管理条例措施为落脚点定的三位一体式畜牧业环境污染综合防治体系。

（1）联邦层面的畜禽环保政策

主要通过严格细致的立法管理畜禽养殖场产排的营养成分来防治养殖业环境污染。主要包括清洁水法、清洁空气法、综合养分管理计划、国家环保技术资金支持计划四部分内容。

①清洁水法案。1948年，美国制定了第一部控制水污染的法律——《联邦水污染控制法案》，提出了国家污染物减排系统和最大日容量，明确将集约化畜禽养殖定义为点源污染的一种。1972年起，美国环保署（EPA）对该法案进行修订，并于1977年将之更名为《清洁水法案》（CWA），其中规定了养殖业与工业和城市设施一样被视为点源性污染，建场必须报批并进行环境综合评

估，获得畜禽粪尿、污水排放许可证。此外，还规定了农场主要应用最佳管理实践（BMPs）来预防和控制可能带来的环境污染。修订后的CWA中规定任何畜牧养殖企业只要规模超过1 000个畜单位就被认定为集约化畜禽养殖。[2]这类大型养殖场是美国养分管理计划中的核心治理目标。从20世纪80年代开始，EPA就开始限制集约化养殖场粪便的随意排放；2008年，更规定了农场若要排放或有意排放污染物必须申请排污许可证，同时递交养分管理计划。

②清洁空气法案。该法制定于1970年，规定了来自固定源或活动源的气体排放，并授权EPA建立国家环境空气质量标准（NAAQS）来保护公共健康、公共福利，控制有害气体的排放。EPA于1990年修订该法案，对污染源提出了以BMPs为基础的标准。相关畜禽养殖场的限量大气污染物包括粉尘、二氧化硫、氮氧化物和挥发性有机物（VOCs）等。

③综合养分管理计划。EPA于1999年就提出了一项养殖综合管理计划，提出了水体富营养化的评价工具，并确认了区域评估标准。该计划是专门为集约化畜禽养殖业制定的水质量保护计划。养殖生产过程中，如果严格按照综合养分管理计划（CNMP）实施，能最大限度地实现高产和环保双赢。计划内容包括了各种措施，如长效管理水资源、粪肥施用、有机产品生产等。管理过程中将保护办法、管理行动与控制土壤侵蚀、保护和改善水质相结合，在此基础上不减产。制定CNMP的初衷在于保护地下水和地表水、土壤和公众健康；各方利益最大化；改良土壤结构，减少土壤板结；获取养分的最大效益，同时减少氮淋溶、径流、氨挥发导致的养分损失；控制磷的施用，确保磷资源的可持续利用；充分利用畜禽粪尿，提高土壤有机质等。

④国家环境政策法案。该法案（NEPA）于1970年生效实施，建立了一个针对点源性环境保护和改善的计划。集约化畜禽场的建设必须报批，进行环评，污染物排放必须达到国家污染减排系统许可的要求。规定点源畜禽养殖场的污染排放标准具体为：存栏1 000个动物单位以上，除非强降雨否则，养殖场不能直接排放污染物；存栏300个动物单位以上，除非强降雨，否则养殖场不能通过管道直排污染物至河道。存栏300个动物单位以下的养殖场，经EPA地方管理人员审核后可于适当时期排放污染物[7]。

⑤国家环保技术资金支持计划。除上述限定外，美国联邦政府通过提供环境治理技术和专项资金支持，引导、鼓励农场主按照法律规定应用科学防治技术，以实现废弃物有效处理目标。在美国可以通过众多渠道为养殖场的环境保护获取技术支持和项目资助。如美国农业部给养殖企业提供资助的环境质量激励项目（EQIP），2008—2012年间资金预算超过70多亿美元。政府承担75%的

环境保护费用分摊支付[8]。

（2）州政府畜牧业环保政策

联邦层面的法律法规主要集中在点源性污染的综合防治，而对任何非点源污染的防控并未提出具体对策，只是规定了防治规划，对某些州环境提出质量标准，但对实现这些标准需要采取具体措施则需要州级政府制定翔实的行动计划。如CWA中规定各州政府制定出本州的水污染管理计划，将畜禽粪便处理和农田施用过程中产生的养分流失作为重要的非点源污染问题纳入管理计划。

马里兰州于1998年便通过了重要的《水质量法案》，严格的惩罚措施是该法案的显著特点。其中要求该州所有年收入2 500美元（含）以上或养殖场牲畜总重量超过3 625kg的农场主须用养分管理计划来经营农场，并对于农场经营过程中的违法行为进行100～2 500美元不等的罚款[9]。衣阿华州自然资源局（NDR）和环境保护委员会（EPC）组织制定了该州水和空气质量标准，并对各种养殖企业在生产过程中所采用的粪便污水处理设施和操作程序提出了具体要求。露天开放的畜舍中牲畜数量在1 000个畜单位以上的需要申请经营许可证，对采用同样的牲畜粪便贮存设施但饲养牲畜数量在200个畜单位以上者需要申请建筑许可证[2]。

（3）地方环境管理条例

继联邦政府和州政府推出环境法之后，许多城市和县级政府也制定了一些地方环保法，主要负责行使细则制定、监督检查、处罚违规、技术培训的职能。其中，区划和土地使用原则对控制牲畜饲养数量提出了具体要求，将畜牧养殖规模与农场主所拥有的土地面积紧密联系，保证生产者有足够土地处理畜禽粪便，规划中还划定了禁养区。

5.2.3 澳洲畜禽养殖污染防治政策

以澳大利亚和新西兰为代表的澳洲国家，非常重视畜牧业对环境的影响，通过各种措施来保护环境，具体表现在以下三方面：一是制定严格的法律法规来防治污染，对养殖规模、场区选址、排污量、粪污处理系统及配套设备装置等提出了详细要求，以保障畜牧业污染的有效防治[10]；二是加强科学研究，开发创新型治污技术，包括优良品种选育、环保型饲喂、生物法处理粪污等，从整个畜牧业发展链条入手防治环境污染；三是促进畜禽废弃物的资源化利用，基于厌氧发酵原理，运用生物净化方式，对粪污进行处理和净化。

（1）澳大利亚畜禽养殖污染防治政策法规

针对畜牧业制定的政策均包含在环保政策中，大多是围绕保护环境，改善地下水水质，保护地下水现有及潜在用途和价值来颁布实施。澳大利亚非常重视对水质的管理，联邦和州环保部门制定了极为严格的污水排放标准，政府还委托有资质的第三方监测部门实施水质实时监测，环保部门以污染物的排放指标和水域纳污能力为标准，依法对污染者进行严厉处罚。

澳大利亚是世界上最早设立政府环保部门的国家之一，也是世界上最先出台环保法的国家之一。早在1970年，维多利亚州就成立了环保局。目前，澳大利亚在联邦政府、州政府、地方政府3个层级都设有专门的环保机构。自上而下法规数量逐级增多，法条逐级细化，程度逐级严格。以维多利亚州为例，于1970年颁布实施的《环境保护法》明确规定"加工车间和相关渠道污染物不得进入环境水体；尽量减少包括沉积物、生物杀虫剂、盐分和病原体在内的污染物；农民需要执行与获批后的协议、行动指南和行为守则相一致的管理做法，这些都由州环保局和初级产业部负责核查[2]。为保护生态环境，环保局强烈建议农场实施污水管理计划，包括粪浆收集、固液分离、贮存、利用及与管理相关的信息。同时，有专业顾问免费提供实用性强的一对一指导，以协助农场开发和实施这一计划。

（2）新西兰畜禽养殖污染防治政策法规

多年来，新西兰发达的草畜业也得益于相对完备的环保型政策法规的长效实施。针对畜禽养殖对水环境的影响，2003年，新西兰最大的乳品企业——恒天然集团与新西兰环境部、农业部及当地政府环境委员会共同确立《乳业与河流清洁法令》，根据不同年限对奶牛涉足环境水体、排污管道修建、系统性管理养分投入和产出、修建栅栏和缓冲带等事项做出具体规定。

针对畜禽养殖对大气环境的影响，2004年，新西兰政府对牛、羊、鹿等大牲畜进行废气征税，以控制温室气体排放。具体按照规模计征，如每头牛为54～72新西兰分，对一般的农场主大约相当于增加300新西兰元的税收负担。此举每年为政府筹集约840万新西兰元的收入，将专项用于牲畜臭气与温室气体减排的研究[2]。

5.2.4 日本畜禽养殖污染防治政策

针对畜禽养殖污染防治，日本出台的法律法规主要有《废弃物处理与去除法》《水污染防治法》《恶臭防治法》，对畜禽养殖污染防治和管理做出了明确规定；此外，相关的法律法规还包括《湖泊水质安全特别措施法》《河川法》《肥料安全法》等。另外，日本政府还通过财政补贴鼓励养殖从业者投资建设环保设施，总投入的75%由国家和地方政府担负，农户或企业仅需支出25%。

（1）畜禽养殖污染防治法

针对畜禽粪便处理，早在1970年底，日本便发布了《废弃物处理与去除法》。其中规定在城市规划区域内，畜禽粪便必须经过处理才能排放。处理方法包括堆肥发酵、干燥或焚烧、化学法处理、设施贮存、覆土等[11]。针对畜禽场的污水排放，日本于1970年也相应出台了《水污染防治法》，并经过多次修订。该法规定了畜禽场的污水排放标准[12]和对应的养殖规模，详见表5-1。

表5-1　日本畜禽养殖场污水排放标准

污染物种类	日均排放量（mg/L）	排放上限（mg/L）
化学需氧量（COD_{cr}）	120	160
生化需氧量（BOD_5）	120	160
固体悬浮物（SS）	150	200
总氮（TN）		60
总磷（TP）		80

针对畜禽场恶臭防治，日本于1970年发布《恶臭防治法》，规定畜禽粪便产生的腐臭气如氨气等8种污染物的浓度不得超过工业废气浓度。随后，又新增正丁酸等4种恶臭物质。一旦场区排出的有害气体超出允许浓度阈值，影响周边居民生活，将被责令停产。

1999年4月，日本颁布了《家畜排泄物法》，其中规定了对一定规模以上的养殖户，禁止畜禽粪便在野外堆放或者直接排放沟渠；粪便贮存设施的地面要做到防渗漏，而且要有侧壁并进行覆盖。

1984年，日本实施了《湖泊水质安全特别措施法》，其中规定在特定的畜禽养殖场中，每日向湖泊排放的水量在50m³以上的，有义务遵守有关污染负荷量的限定标准（入湖氮素含量10~25mg，磷素含量1~3mg）[13]。

（2）畜禽粪便管理对策

日本不仅国土面积小，而且城市和农村毗邻，畜禽粪便的管理关系到农村与城市的整体环境卫生和生活水平。《畜禽粪便法》的实施有效促进了畜禽粪便的处理和整体养殖业环境的提升。据2004年调查表明：日本畜禽粪便堆肥化处理和液肥化处理量增加到8 000万t，约占畜禽粪便总产生量的90%，而露天堆粪场对粪便的处理量仅占100万t，为总产生量的1%左右[14]，大大改善了畜禽养殖业的环境卫生。

此外，粪水分离处置方法也极大地改善了畜禽环境卫生。2009年，日本农林水产省开展了畜禽粪便处理情况调查，包括采用粪水分离方式和粪尿混合处置方式，尤其对畜禽规模养殖粪水做分离处理后，有利于对固体和液体部分的分别后续处理。

5.3 畜禽养殖污染防治技术措施

5.3.1 欧盟畜禽养殖污染防治技术

（1）基础环境设施

为保障养殖场环境卫生和防疫安全，避免可能产生的污染及感染，欧盟国家养殖场都非常注重基础环境设施的清洁，养殖场内粪污收集、运输、处理加工设施的完善。以奶牛为例，欧盟国家牛舍（棚）地面结构多为漏缝地板，地下修建集污暗渠，有利于粪污收集和后续统一处理处置，节省劳动力（图5-1、图5-2）；根据动物福利法案要求，欧盟国家奶牛运动场面积一般较大，且按照不同生长阶段分别采用橡胶垫、细沙、锯木屑、秸秆等铺设牛床，便于清理且环境舒适（图5-3）；与我国许多大型奶牛场类似，欧盟国家奶牛场在处理挤奶车间粪浆时采用传统的水冲清粪方式，挤奶车间下设暗沟，统一收集后进行固液分离。如图5-4所示。

图5-1　芬兰家庭农场漏缝地板和清粪机器人
（任天志，2015）

图5-2　英国奶牛场自动刮板清粪
（张克强，2013）

（2）粪污处理工艺技术

畜禽养殖场粪浆处理遵循无害化处理和资源化利用的基本治污原则，主要技术路线有肥料化、能源化、基质化等。

图5-3 德国集约化猪场秸秆垫床
（赵润，2010）

图5-4 爱尔兰肉牛场污水贮存池
（赵润，2014）

欧盟各国依据自身资源禀赋综合各类技术，从粪浆收集、运输、处理、加工各个环节逐级治理。

①全混合高温沼气发酵技术。以德国为例，政府鼓励畜禽养殖场采用沼气发酵工艺，一方面由于德国能源缺乏，政府一直致力于推动可再生能源的开发，另一方面是德国本身自然条件优越，降水量丰富，气候适宜。此外，发酵原料充足也是德国推行全混合高温沼气发酵工艺的主要原因。德国集约化畜禽养殖场多采用秸秆与粪污作为混合发酵原料。由集约化畜禽养殖场中产排出的粪污由漏缝地板收储于圈舍下方的集污暗渠中，统一排入调节池，经搅拌调质匀浆并与事先粉碎好的秸秆充分混合；然后统一进入连续搅拌全混式反应器（CSTR）进行37℃厌氧发酵，其间产生的沼气并网发电，沼液和沼渣排入沼液贮存池存放，待农灌期回田农用。工艺流程如图5-5所示。

②水泡粪无害化处理工艺。以法国为例，奶牛场粪尿年产生量超过5 000万t。对此，政府强制要求奶牛场采用粪污处理工艺，大部分牛场采用水泡粪工艺。奶牛养殖场产生的粪污由漏缝地板收储于圈舍下方的集污暗渠中，统一排入调节池，调质匀浆后进行固液分离，筛分出的固体粪渣一部分加工成有机肥，一部分经晒干后回垫运动场，污水进入厌氧消化自然沉淀，发酵后的水进入贮存池存放，待农灌期回田农用。工艺流程如图5-6所示。

```
        ┌──────────────┐
        │   畜禽养殖场    │
        └──────────────┘
      粪便  │  │ 尿液/污水
            ▼
        ┌──────────────┐
        │   集污暗渠     │
        └──────────────┘
            │
            ▼
秸秆 ──────▶┌──────────────┐
        │   调节池       │
        └──────────────┘
            │
            ▼
        ┌──────────────┐        沼气    ┌- - - - - - - -┐
        │    CSTR      │ ──────────▶  │   并网发电     │
        └──────────────┘              └- - - - - - - -┘
            │
            ▼
        ┌──────────────┐              ┌- - - - - - - -┐
        │  沼液贮存池     │ ──────────▶  │   种植业       │
        └──────────────┘              └- - - - - - - -┘
```

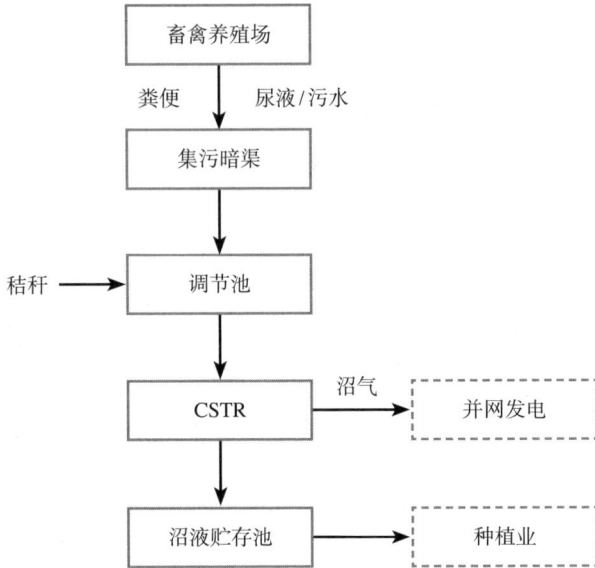

图5-5 全混式高温沼气发酵工艺路线

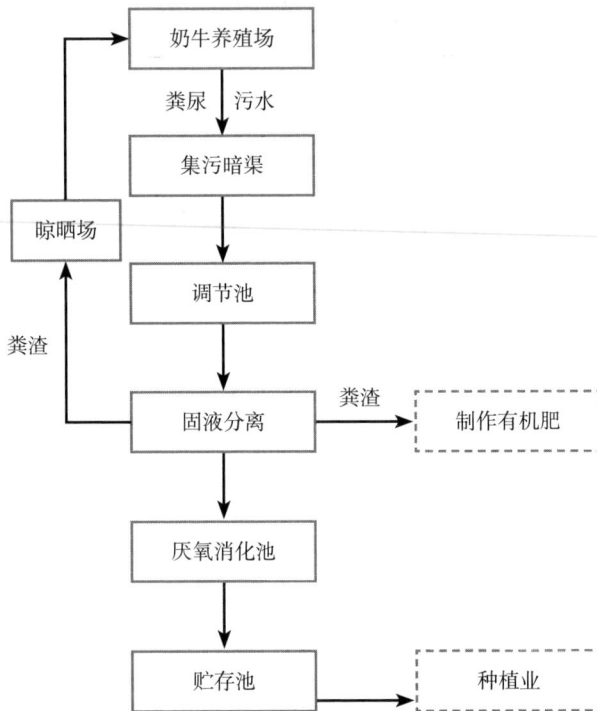

```
            ┌──────────────┐
    ┌──────▶│   奶牛养殖场    │
    │       └──────────────┘
    │     粪尿  │  │ 污水
    │           ▼
    │       ┌──────────────┐
    │       │   集污暗渠     │
    │       └──────────────┘
┌────────┐      │
│        │      ▼
│ 晾晒场  │  ┌──────────────┐
│        │  │   调节池       │
└────────┘  └──────────────┘
    ▲ 粪渣      │
    │           ▼
    │       ┌──────────────┐   粪渣   ┌- - - - - - - -┐
    └───────│   固液分离     │ ──────▶ │  制作有机肥     │
            └──────────────┘         └- - - - - - - -┘
                │
                ▼
            ┌──────────────┐
            │   厌氧消化池    │
            └──────────────┘
                │
                ▼
            ┌──────────────┐         ┌- - - - - - - -┐
            │    贮存池      │ ──────▶ │   种植业       │
            └──────────────┘         └- - - - - - - -┘
```

图5-6 水泡粪无害化处理工艺路线

③压块制成型燃料。以荷兰为例，大多集约化奶牛场采用机械刮粪板清粪工艺，通过固液分离后的粪渣进行深加工，压块制成型燃料棒增加其附加值。采用机械刮板式清干清粪工艺，大部分粪便被清出，少量粪便混合污水进入集污池暂存，然后进行固液分离，筛分出的干粪一部分制作有机肥，一部分进行压块制成型燃料；污水进行厌氧发酵后储存于污水贮存池中，待农灌季节回田农用。工艺流程如图5-7所示。

简单贮存再利用。以西班牙为例，家庭农场多采用干清粪工艺，粪便好氧堆肥发酵成熟后作为有机肥料自用；污水经过厌氧消化，贮存4~6个月后，用罐车抽出将液肥犁入耕地土壤中，做到精准施肥的同时减少臭气扩散，且增加土壤有机质含量。工艺流程如图5-8所示。

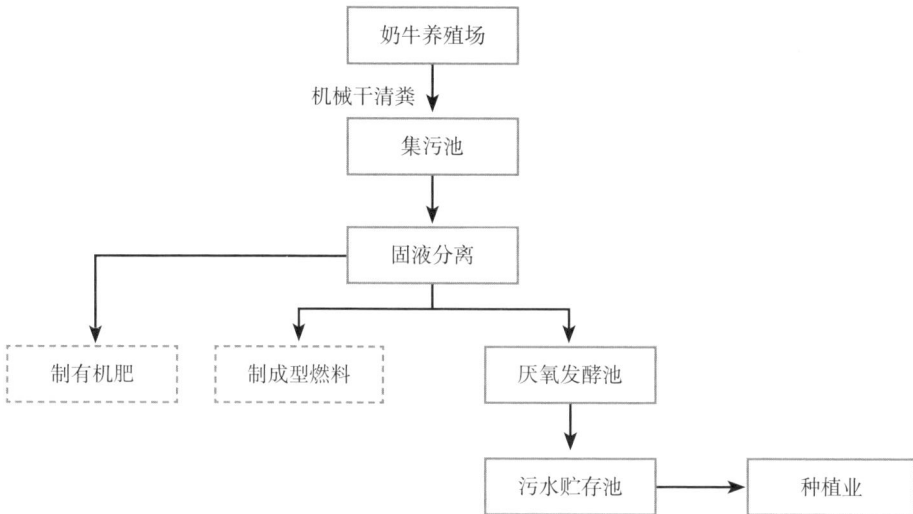

图5-7　压块制成型燃料工艺路线

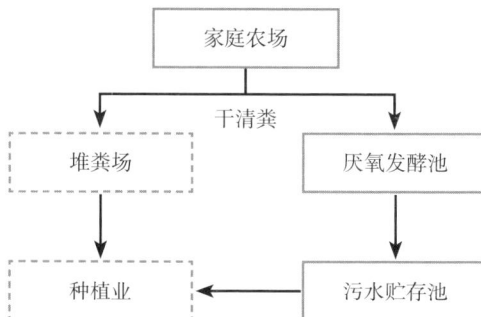

图5-8　简单贮存再利用工艺路线

综上四种技术模式基本上覆盖了欧盟畜牧业发达国家常用的粪污治理对策，整体来看，充分结合了欧洲国家经济实力雄厚但劳动力资源短缺，主导适度规模、农牧结合的家庭农场经营特点，经济适用且保障农场与环境的平衡发展。技术模式中，源头多采用漏缝地板、机械刮板清粪的方式来收集畜禽粪污，过程多采用固液筛分的方式分离粪水，以厌氧消化为核心处理环节，末端以修建足够容量的贮存池存放沼液，待农灌时节精准施肥农用，从而实现种养结合、废弃物集中处理和循环利用。

5.3.2 美国畜禽养殖污染防治技术

美国的畜禽养殖场大多拥有充足的土地，为农牧结合和消纳粪污提供了良好的先决条件。同时，在严格的环保法律规定下，养殖场不得不采取多种环保措施来改善养殖场内外环境，加强粪污处理，提高生产效率、增加收益。与欧盟做法类似，美国的畜禽养殖场粪浆处理技术也集中体现在收集和处理两个环节。

（1）粪污收集

基本上分为水冲式清粪和机械刮板干式清粪两种工艺。水冲清粪系统主要包括冲洗阀、冲洗泵、冲洗管路和自控装置；要求畜舍地面具有一定坡度，粪污收集暗渠也要保证一定的宽度、深度和坡度；与漏缝地板配合使用。该系统节省劳动力和劳动强度，效率高且节省收集渠冲洗用水，保障畜舍内的清洁和温湿度。刮板式干清粪则对畜舍地面和粪污收集渠要求较为简单，操作简便，运行维护成本低，工作安全可靠。

（2）粪污处理

主要包括直接还田、自然净化和工业化处理三种方式。散户或小规模养殖场多采用简单堆沤直接还田灌溉的方法；大中型规模的养殖场主要采用厌氧消化、好氧曝气及厌氧—好氧组合处理系统。其中，厌氧消化多采用适合处理高浓度有机物的连续搅拌全混式反应器（CSTR）进行高温发酵，沼气并网发电，沼液经贮存池存放一段时间后肥田；经过厌氧—好氧组合处理后，出水进入自然净化系统（氧化塘或土地系统等）深度处理，使得出水达到排放标准。如图5-9、图5-10所示。

图5-9　高效固液分离机
（高文萱，2015）

图5-10　氧化塘
（杜会英，2015）

5.3.3 澳洲畜禽养殖污染防治技术

（1）澳大利亚畜禽养殖污染防治技术措施

澳大利亚国土辽阔，自然资源非常丰富，与新西兰一样，发展以天然草地资源获取饲料的围栏放牧型畜牧业。

①基础环境保护。澳大利亚政府非常重视对草地的保护，对相关配套设施的建设一直视为本国畜牧业生存和发展的根本，加强草种改良和草场规划，合理载畜，防止草原过度放牧而对环境造成破坏。对草场内的牧草科学管理，通过围栏放牧和粮草轮作、禾本科和豆科牧草混播、建立永久草地和一年生草

场，提高草地生产能力和畜牧业生产的经济效益[15]。

为减少畜牧业对环境的破坏，主要采取的应对措施有：一是注重保护天然草场，政府应用先进的遥感监测系统结合实地调查的数据，分别确定不同地区载畜量；科学划区轮牧，将草地分为放牧区和人工草场两部分。采取围栏将天然草场分成若干个季节性牧场，在季节性牧场内再划分轮牧区域。许多农场还采取轮牧和休牧相结合的方法，使牧草得以充分恢复生长，以稳定草场的生产能力；对草地施肥，为保证家畜营养的需要，在缺乏微量元素的地区使用农用飞机喷施过磷酸钙和磷钾复合肥等；二是对不同区域实行不同的专业生产方式。根据地区年均降雨量、作物种植模式和草场环境条件等确定养殖类型、规模、资源使用方法。

②粪水处理技术。

固液分离：在澳大利亚规模化奶牛场，固液分离系统对于污水处理极为重要。一般依据重力原理应用沉淀池自然沉降固体物质，尤其当污水中的总固形物（TS）较低时，沉淀系统与机械方法相比则更具优势，能够始终如一地从污水中去除更多的固体。

厌氧—好氧组合处理：大多畜禽养殖场综合使用该法来解决规模化奶牛场粪污量大、有机物含量高、悬浮物高、氨氮含量高的问题。该法技术性高、净化效率好。

堆肥还田：堆肥由澳农业部提出并广泛适用于大规模牧场的粪便处理方法（图5-11）。主要采用条垛式堆肥方式，通过条垛的堆置、平整及翻抛完成堆肥过程，一般持续2～3个月。堆肥产品经过筛分，颗粒较大的作为返混料回用，再次作为堆肥原料，精细的堆肥产品则直接还田或售卖。

图5-11　条垛式堆肥翻堆技术

（2）新西兰畜禽养殖污染防治技术措施

新西兰以实现如下五个目标作为推行畜禽养殖环境管控措施的出发点，包括牲畜远离环境水体；在水道横穿处架设桥梁或涵洞；养殖场污水排放符合资源许可和地方管理计划；养分管理制度明确；在重要湿地建造围栏。

①养殖规模配套环境容量。新西兰政府规定，0.4hm^{2}土地只能放牧1头牛或4只羊，以避免过度放牧的现象发生。同时，为了防止草场退化，牧民用栅栏或铁丝网将草场分隔开，这被称为"分栏式放牧"，即让牛羊吃完一栏草后，再转到另一栏，充分体现出对资源的可持续利用和保护。

②粪水处理技术。新西兰大多数牧场都建有牲畜粪水处理系统，经处理后的粪浆喷洒到休牧的草场上，实现资源循环利用。普遍应用厌氧池—氧化塘二元组合处理系统，以减少污染物中的养分浓度。在新西兰和澳大利亚，超过1 000个奶牛和养猪场处理污水应用该系统[14]，其中第一个池是厌氧池，第二个池通常为好氧池，该系统能有效去除悬浮物和有机碳。新研究人员发现，在其中加入沸石、树皮对二元池处理系统去除氮磷效果更好；定期清除氧化池中的底泥对污水处理过程中氮素的去除及保持系统稳定运行很有必要；在第二级池中补充曝气，提供其上生长缓慢的硝化细菌，能增加池体好氧区域的深度，提高硝化作用效果[16]。除二元池外，近年来在新西兰还采取了多级池系统逐级处理畜禽养殖场排放的高浓度污水，包括由厌氧发酵池、好氧池、二沉池、自然氧化塘、生态沟/塘等串接形成的微/无动力污水组合处理—净化系统。该系统多采用水体中发生的光合作用而自然生长的藻类及细菌来逐步分解有机物。在多级池中添加有益微生物对氮磷的降解效果更佳。堆肥好氧发酵处理畜禽粪便的做法在新西兰备受推崇，按照有无发酵装置分为无发酵仓堆肥系统和发酵仓堆肥系统，其中，前者包括条垛式堆肥和通气静态垛系统；后者包括搅动固定床、包裹仓式和旋转仓式。

5.3.4　日本畜禽养殖污染防治技术

遵照法律法规，针对粪便和污水处理，日本的规模化畜禽养殖场分别主要采用高温堆肥处理和净化槽处理技术来改善场区内外环境，具体如下：

（1）高品质堆肥处理技术

利用高温好氧微生物堆肥发酵，处理后的粪便回用农田，是日本普遍使用的方法。具体操作流程为：在反应槽内，添加锯木屑等作为载体供高温好氧微生物附着生长，将畜禽粪便中的有机物分解为二氧化碳和水，有机物分解过程中产生的热量可将水分完全蒸发。该技术大幅减少畜禽粪便总量，并实现粪肥的资源化利用。

（2）养殖污水净化处理技术

①氮磷去除技术。日本畜禽舍占地面积小，舍内污水贮存池空间有限，污

水中氮磷物质浓度很高，因此多采用序批式活性污泥法（SBR）进行处理。日本养殖场污水处理设施的建立多为两种情况：一是由政府投资建立的污水综合处理场，定期收集养殖户的污水集中处理；二是由养殖企业自行建立的处理设施，日常运行管护由农户自行承担，但由于农户缺乏专业知识，该方式效果较差。对此，日本一些公司开发了远程自动化集中管控系统[17]，即在污水处理反应器内安装电极，污水处理状况将自动记录并远程传输信号至中心控制室，技术人员根据数据变化即时处理。

②净化槽活性污泥法污水处理技术。通过不停地向污水上充氧曝气，促使好氧微生物分解有机物大量繁殖形成一种絮凝物，即活性污泥。这种活性污泥具有吸附其他浮游物、凝块沉淀的特性，进而使各种原生动物、藻类等聚集在一起，对水体起到净化作用。大体分为两种方法，一是活性污泥法，让曝气槽中的絮凝物形成高浓度的浮游物，再往槽中输送原水絮凝曝气处理，接下来再导入沉淀槽，使之凝集沉淀分离出上面的澄清部分；二是生物膜法，包括将絮凝物吸附在碎石等过滤材料上或污水池的底盘上，无需曝气，从过滤材料的间隙和表面的空气中吸入氧气。

③除臭技术。在日本，除臭技术主要包括水洗法、吸附法、药液法、燃烧法、生物脱臭法及臭氧氧化法等。其中，利用微生物分解臭气的生物脱臭法是运行成本最低、效果最好的一种，被畜禽场广泛使用。利用除臭滤材中吸附的微生物将臭气分解为无臭气体排放，这种滤材中微生物的类型主要由氨氧化细菌、亚硝酸氧化细菌、反硝化菌和硫氧化菌等。

5.4 国外畜禽养殖污染防治经验借鉴

从世界各国畜禽养殖业发展历程来看，由于资源、技术、经济发展水平和发展阶段的不同，呈现出不同的发展模式。美国，因土地资源丰富，劳动力相对短缺，从而发展集约化、机械化程度高的现代大农场；欧洲，经济实力雄厚，人口和资源相对稳定，主导适度规模、农牧结合的家庭农场经营模式；澳洲，草地资源丰富，围栏放牧，以发展资源、生产和生态相协调的现代草原农牧业为方向；日韩，人多地少，走的是资金和技术密集的集约化发展道路。中国，幅员辽阔，地形、气候条件多样，不同地域畜禽养殖产业发展千差万别。因此，更需要结合自身实际，走符合本国国情的畜禽养殖业可持续发展道路。参考发达国家在畜禽养殖环境管控方面经验做法，得出以下四方面启示：

5.4.1　畜禽养殖科学规划与区域布局

对于种养脱节、养殖规模超过环境容量的问题，需结合国家环保部、农业部分别发布的《全国生态功能区划》《全国畜禽优势区域布局规划》及两部委联合发布的《全国畜禽养殖污染防治"十二五"规划》，以农牧结合、种养平衡为基础，综合考虑自然因素（地形、气候、水源、土壤）和社会因素（交通、水电、政策法规），科学规划饲草料种植、养殖场选址与建设、资源配置及生态功能定位，做好养殖场布局和废弃物综合治理技术模式的衔接。发展种养业适度规模，建立"以种定养""以养促种"的生产模式[18]，提升养殖综合管理水平和标准，提高单位畜产品质量，推动废弃物高效循环利用，兼顾经济和生态效益，推动规模化畜禽养殖业的可持续发展。

5.4.2　环境友好型圈舍布局

大多养殖场圈舍多从牲畜健康、生产性能提升、疫病防御等生产角度来设计，而未考虑废弃物的减量、快速收集、合理处置、有效处理与最终出路的现实环境问题。圈舍内外随处可见粪污横流、脏净道不分、贮存池中的污水即将溢出等场景。因此，养殖场圈舍结构的走向、排位、布局要充分考虑粪污收集、处理处置和综合利用，同时尽可能节省人工、设施设备、运行维护等不必要的重复投入，促进企业健康、持续发展。

5.4.3　构建符合中国国情的畜禽污染防治技术模式

规模化畜禽养殖场本身日产粪污量可观，处理难度大，单项技术或单一处理模式早已不能满足国家现行标准。与西方国家不同的是，中国大多畜禽养殖场管理相对粗放，不能做到雨污分流、固液分离，对粪污收集造成困难；养殖企业经营方式单一、种养分离，处理后的尾水没有出路；中、小型规模养殖场缺乏必要的废弃物处理甚至收储设施，处理方式单一，资源化利用程度低。因此，需结合养殖场特点及周边环境条件，开展场区环境安全防控示范区建设，建构适合不同区域发展类型的畜禽废弃物综合防治工程技术模式，并予以示范和推广。

5.4.4　加强畜禽养殖环境管控的政策扶持

近十年来，在国家政策和资金的大力支持下，各省市地区相继出台针对畜禽粪污治理的补贴政策，多集中在粪污处理设施及配套设备的一次性投资上，以财政专项形式实施对养殖场资金直补。政策扶持力度较大的多分布在东部沿海地区，包括江苏、浙江、上海、北京、天津等地。但总体来看存在下述问题：第一，粪污治理扶持政策覆盖范围窄，真正享受到补贴的奶牛场占极少数[19]；第二，总补贴资金无论在畜牧、农业、环境各领域占比极小，且多缺乏稳定支持资金和倾斜机制；第三，单一按照畜禽养殖规模、废弃物产排量决定治理设施与设备建设投入及补贴额度，易分配不公。对此，应根据不同地区畜禽养殖业发展实际情况，加大畜禽废弃物的综合防治扶持力度，科学测算补贴标准，细化补贴和评估办法。建议将养殖类型、养殖规模、环境条件、主要环境问题、适合的清粪工艺和治理模式、技术手段等分门别类，对不同情况下养殖场的各环节成本投入和预期收益以及各利益相关方意愿进行综合评价，并以综合治理效果作为重要评价标准，科学核算出补贴额度和比例。

参考文献

［1］郑明霞，汪翠萍，王凯军，等．集约化畜禽养殖污染综合防治最佳可行技术[M].北京：化学工业出版社，2013.

［2］董晓霞．奶牛规模化养殖与环境保护[M].北京：中国农业科学技术出版社，2014.

［3］王凯军．畜禽养殖污染防治技术与政策[M].北京：化学工业出版社，2004.

［4］刘国栋．欧盟碳金融发展经验[J].银行家，2013(5)：75-76.

［5］吕文魁，王夏晖，李志涛，等．发达国家禽养殖业环境政策与我国治理成本分析[J].农业环境与发展，2011(6)：22-26.

［6］林斌．规模化养猪场沼气工程发展的影响因素研究——以福建为案例[D].福建农林大学，2009.

［7］沈跃．国内外控制养殖业污染的措施及建议[J].黑龙江畜牧兽医，2005(5)：1-3.

［8］韩冬梅，金书秦，沈贵银，等．畜禽养殖污染防治的国际经验与借鉴[J].世界农业，2013(5)：8-12.

［9］向玥皎，王方浩，覃伟，等．美国养分管理政策法规对中国的启示[J].世界农业，2011(3)：51-55.

［10］颜景辰，张俊飚，罗小锋，等．世界生态畜牧业发展现状、趋势及启示[J].世界农业，2007(9)：7-10.

［11］李杰．发达国家和地区对畜禽粪便管理和污染防治措施[N].中国畜牧兽医报，2005-9-25.

［12］张彩英．日本畜产环境污染的现状及其对策[J].农业环境与发展，1992，32(2)：6-9.

[13] 徐开钦,齐连惠,蛎江美孝,等.日本畜禽养殖业中内分泌干扰物的控制措施与政策[J].中国环境科学,2010(30): 86-91.

[14] 史江红,东口朋宽,张晖,等.日本畜禽养殖业中内分泌干扰物的控制与管理[J].上海环境科学,2012,31(6): 231-240.

[15] Sukias J P S, Craggs R J, Tanner C C, et al. Combined Photosynehesis and Mechanical Aeration for Nitrification in Dairy Waste Stabilization Ponds[J]. Water Science Technol, 2003, 48: 137-144.

[16] Craggs R J, Park J, heubeck S, et al. Methane Emissions from Anaerobic Ponds on Piggery and a Dairy Farm in New Zealand[J]. Austalian Journal of Experimental Agriculture, 2008, 48: 142-146.

[17] 李水彦.坚持科技兴牧,调整优化畜牧业结构——澳大利亚畜牧业对我省畜牧业发展的启示[J].河南畜牧兽医,2007(11): 12-13.

[18] 陈梅雪,杨敏,贺泓.日本畜禽产业排泄物处理与循环利用的现状与技术[J].环境污染治理技术与设备,2005,1(3): 5-11.

[19] 常维娜,周惠平,高燕.种养平衡——农业污染减排模式探讨[J].农业环境科学学报,2013,32(11): 2118-2124.

06/第六章 国外秸秆资源化利用政策与技术

6.1 国外秸秆资源化利用概述

6.1.1 国外农业秸秆资源现状

　　农作物光合作用的产物一半储存在子实中，一半储存在秸秆里。长期以来，人们一直把秸秆看做是农业的副产品，存在重粮食生产、轻秸秆利用的传统观念，秸秆随意丢弃和露天焚烧现象严重。随着社会经济的发展和环境治理的需要，农作物秸秆资源化利用逐渐得到广泛关注。秸秆是重要的农业资源，富含有机质、氮、磷、钾和微量元素，蛋白质含量约为5%，纤维素含量约为30%，总能量基本和玉米、淀粉相当。据测算，1t秸秆的营养价值与0.25t粮食的营养价值相当，经过科学处理后，其营养价值甚至还可以大幅度提高。此外，秸秆还蕴藏着丰富的能量，其热值约为标准煤的50%，是重要的生物质能源。因此秸秆资源开发利用潜力巨大，发展前景十分广阔。

6.1.2 农业秸秆资源化发展概况

　　做好秸秆资源化利用就是找回了农业的另一半。目前，国外秸秆资源的利用主要集中在两个方面，一是秸秆还田循环利用，二是秸秆离田产业化利用。

　　秸秆还田循环利用（包括秸秆直接还田和秸秆养畜过腹还田）是国外秸秆资源化利用的主导方式。世界上农业发达的国家都很注重施肥结构，基本形成了秸秆直接还田＋厩肥＋化肥的"三合制"施肥制度，一般秸秆直接还田和厩肥施用量占施肥总量的2/3左右。美国和加拿大的土壤氮素3/4来自秸秆和厩肥。德国每施用1.0t化肥，要同时施用1.5～2.0t秸秆和厩肥[1]。

欧美各国一般将2/3左右的秸秆用于直接还田，另有1/5左右的秸秆被用做饲料。据美国农业部统计，美国年生产作物秸秆4.5亿t，约占整个美国有机废弃物生产量的70.4%，秸秆还田量占秸秆生产量的68%[2]。英国秸秆直接还田量占秸秆总产量的73%[3]。日本的稻草2/3以上用于直接还田，1/5左右用作牛饲料或养殖场的垫圈料[4]。目前，韩国的稻麦秸秆已实现了全量化利用，近20%用于还田，80%以上用作饲料。

世界各国秸秆离田产业化利用形式多样，除秸秆养畜之外，其他产业化利用方式主要集中在新型能源化利用方面，如秸秆发电、秸秆沼气、致密成型燃料、纤维素乙醇等，其中秸秆发电以丹麦为代表，秸秆沼气以德国为代表，秸秆致密成型燃料以美国和北欧为代表，秸秆纤维素乙醇以美国为代表。另外，秸秆环保板材和建材也受到不少国家的关注。

6.2　国外秸秆综合利用政策法规

为了充分利用秸秆资源，许多发达国家出台了有针对性的政策与法规。国外有关秸秆利用的法规主要有农业类法规和能源类法规两大类。

6.2.1　国外秸秆利用政策

国外秸秆利用政策主要集中在目标政策、奖补政策（财政政策）、优惠政策、激励政策四个方面。

（1）目标政策

各国政府制定的目标政策称谓较复杂，主要包括行动计划、技术路线图、发展等，其中较具代表性的目标政策，一是欧盟的《可再生能源指令》，二是美国的《生物质技术路线图》。在这些目标政策中，秸秆都被作为可再生能源或生物质资源的重要目标对象。

欧盟高峰会议于2008年以《可再生能源指令》的形式通过了可再生能源"20-20-20"战略发展目标：到2020年，温室气体排放量将在1990年基础上减少20%；可再生能源占总能源消费的比例将在2008年8.2%的基础上提高到20%，其中生物液体燃料在交通能源消费中的比例达到10%；能源利用效率将提高20%。在此目标的基础上，欧盟各成员国相继制定了具有法律效力的国家可再生能源行动方案，规定了各国在不同时期的可再生能源的发展目标和实现路径[5]。

美国于2003年出台了《生物质技术路线图》，计划2020年使生物质能源和生物质基产品较2000年增加20倍，达到能源总消费量的25%（2050年达到50%），每年减少碳排放量1亿t。此后，美国又相继提出了《先进能源计划》（2006年）、《纤维素乙醇研究路线图》（2006年）、《美国生物能源与生物基产品路线图》（2007年）、《2007—2017年生物质发展规划》（2007年）、《国家生物燃料行动计划》（2008年）、《生物质多年项目计划》（2009年）等，进一步明确了生物质资源的开发利用的战略趋向和发展目标[6]。

（2）奖补政策（财政政策）

秸秆利用具有较强的环保效用和社会公益性，但利用技术和产业市场尚不十分成熟。故而，世界各国对秸秆利用的投资扶持和财政补贴主要集中在如下三个方面：一是科技研发与试点示范项目投入；二是秸秆离田利用产业化示范项目，包括产前（秸秆收储运）、产中（项目建设与设备购置）、产后（产品销售与消费）等环节的投资扶持与补贴；三是秸秆还田补贴。

①科技研发与试点投入。秸秆资源的开发利用需要以先进的工艺技术作保障，因此，发达国家纷纷加大秸秆利用科技研发与试点项目建设的投入。如美国，在20世纪90年代后期就已将纤维素乙醇的研究及推广纳入国家可再生能源发展战略。2000年，美国政府通过了《生物质研发法》，并以农业部和能源部为引领和管理，设立了生物质研发委员会和技术咨询委员会，正式启动了生物质研发项目。2007年，美国政府投资1.25亿美元建设了3个生物能源中心，专门进行纤维素生物能源研究。同年度，美国农业部和能源部联合发布声明，由农业部出资1 400万美元、能源部出资400万美元，共同设立一项基金，资助有关生物燃料、生物能源及相关产品的研究与开发。2008—2012年，美国政府对《生物质研发法》规定的项目共计投资了1.18亿美元。欧盟各国近年来也加大资金资助，支持秸秆利用新产品、新技术、新设备的研发和试点示范。根据英国法律的规定，对于从事新产品或创新技术开发与研究的企业或机构，政府将给予其费用总额70%的资助[7]。丹麦政府自1976年启动秸秆发电等可再生能源的研发工程，由能源署管理，对特定项目进行补贴，并集中专业人才建立了强大的研发队伍。瑞典从1975年开始，每年从政府预算中支出3 600万欧元，用于生物质燃烧和转换技术研发及商业化前期技术的示范项目补贴[8]。

②项目补贴。产前环节——秸秆收储财政补贴：世界发达国家一般将秸秆收储机械作为农机推广的配套机械，享受与一般农机购置相同的补贴。韩国政府对购买秸秆收储机械的农户实施财政直补政策，一套价值1.3亿韩元的分体式秸秆收储机械，可享受0.5亿韩元的政府补贴[9]。需要说明的是，在现有文献中，作者尚未检索到国外有关秸秆收储场地建设的补贴政策。

产中环节——项目建设与设备购置投资扶持与财政补贴：世界各国政府对秸秆等生物质产业化发展的投资扶持有三大特征：一是普及面广，在世界各主要国家中，无论是发达国家还是发展中国家，都有一定的投资扶持计划和项目；二是主要集中在生物质能源领域；三是以产业化示范项目建设与设备购置投资扶持及补贴为主。

发达国家还十分注重对新型产业化示范项目的投资扶持与财政补贴，例如美国，自2008年《农场法案》通过后，开始大量增加对于生物质能等新能源发展的财政投入，仅在秸秆纤维素乙醇方面就投资8 000万美元扶持建设了3个产业化示范项目。美国能源部、农业部以及爱荷华州，对2014年正式投产的美国首家商业级纤维素乙醇项目（产业化示范项目）都给予了大力支持，该项目总投资2.75亿美元，其中，美国能源部拨款1亿美元作为项目设计和施工、生物质收集以及基础设施建设费用，爱荷华州政府拨款2 000万美元作为项目固定设施和原料物流费用，美国农业部投资260万美元作为项目收集玉米秸秆以及建设原料物流网络的费用。

据任继勤等[10]综述：自1991年以来，瑞典对生物质能源热电联产企业的投资补贴额度最多可达投资成本的25%；芬兰政府以前对生物质能源项目的投资补贴额度为投资成本的10%～25%，1999年以后最大投资补助可达到投资成本的30%[11]。波兰每年用于扶持生物质能源发展的资金为2.5亿～5亿欧元[12]。希腊对投资生物质能源企业的补贴占投资成本的40%，并且免税[13]。意大利政府对生物质能源项目给予投资成本30%～40%的财政补贴[14]。

在设备购置补贴方面，丹麦政府通过补贴设备价格，对秸秆发电等可再生能源项目给予补贴，秸秆锅炉采购补贴金额在1995年时高达30%；随后根据设备成本的下降幅度对补贴比例逐年下调，2000年降至13%，目前该项补贴政策已经取消[15]。德国对沼气设备投资按比例给予补贴或低息贷款[16]。

产后环节之一——产品补贴与固定价格政策：文献表明，世界各国秸秆工业化产品补贴与固定价格政策的实施几乎全部集中在秸秆新能源方面，尤以秸秆纤维素乙醇和秸秆发电最为突出。

美国和加拿大对秸秆纤维素乙醇实施产品补贴政策，美国每生产1L乙醇，可以得到13.5美分的政府补贴[17]。在秸秆等生物质发电方面：德国形成了成熟的固定电价降价机制和电价附加征收联动体系，并对兼有发电和供暖功能的燃烧站给予2欧分/（kW·h）的功能补贴，对采用新技术的给予2欧分/（kW·h）的新技术补贴；丹麦采取了以电力市场交易为基础的固定补贴制度，每度电补贴2欧分，使其秸秆发电上网电价达到8欧分/（kW·h）[18]。瑞典对生物质发电采取市场价格加0.9欧分/（kW·h）的补贴[19]。

产后环节之二——用户消费补贴：德国、瑞典、荷兰等欧盟各国对生物质燃气和成型燃料用户都有一定的消费补贴。如瑞典政府，2004—2006年，对用户使用生物质颗粒燃料采暖，每户提供1 350欧元的补贴[20]。

③秸秆还田补贴。近十多年来，韩国政府积极推广秸秆还田，对采取还田的农户每亩补贴2万韩元[9]。发达国家保护性耕作的快速发展，在很大程度上得益于政府的大力支持。在保护性耕作推广初期，大多数国家采用项目支持或政策扶持等方式，对农民购买相关农机具给予一定补贴，并在保护性耕作技术应用上给予农民示范引导。美国通过减少农业保险投资额、为免耕播种机购买者提供低息贷款或一次性补助等方式，促进农场主实施保护性耕作[21]。澳大利亚对购买免耕播种机械的农民给予50%补贴，对进行机具改进、技术示范、人员培训给予70%的补助[22]。同时，澳大利亚对实施保护性耕作的农场，政府对其农用柴油给予0.32澳元/L的补贴[23]。墨西哥对购买保护性耕作机具给予20%以上的购机补贴[22]。

（3）优惠政策

税收与信贷优惠是优惠政策的主要内容，是促进秸秆产业化利用，提高企业市场竞争力，扶持企业发展的必要手段。世界各国有关政策主要集中在秸秆新型能源化利用方面，在秸秆覆盖保护性耕作方面也偶见报道（如澳大利亚政府通过减税方式鼓励农场主采用保护性耕作技术与机具），但在秸秆肥料化、饲料化、原料化利用方面尚无案可稽。

美国对可再生能源发展规定了技术开发抵税和生产抵税两种抵免企业所得税的措施。美国可再生能源生产税为生物质发电提供了1.8美分/（kW·h）的税收减免政策，同时秸秆纤维素乙醇项目也都享受税收补贴或者减免。

欧盟各国主要采用两种方式推动生物质能源产业的发展：一是生物质能源免税。如瑞典和芬兰对生物质能开发项目免征所有种类的能源税，同时提高了对化石能源的税收。1990年芬兰首先引入以碳为基础的税收政策。德国主要采用低税率政策激励沼气等生物质能源发展。二是实施差额碳税政策，对化石能源征收高额碳税，而对生物质能源免征碳税，以激励生物质能源产业化发展。如意大利于1999年推出碳税政策，煤炭的税收最高，其次是石油，天然气最低，而生物质能源不征收碳税，并将碳税的收入投资到可再生能源项目[11]。丹麦从1993年开始对工业排放的CO_2进行征税，并将税款用来补贴秸秆发电等可再生能源的研究[15]。

在信贷优惠方面，西班牙对个人和企业投资的生物质能发电项目实施了贷款利息减免计划。丹麦政府明文规定，银行要为秸秆发电等可再生能源产业提供低息贷款[24]。

（4）激励政策

就产业发展而言，政府常用的政策激励机制主要有两方面的内容，一是实施政府采购，二是推行配额制。文献检索表明，目前尚未发现哪个国家将秸秆产品纳入政府采购的报道。与秸秆产业化发展有关的配额制主要体现在秸秆发电（包括秸秆直燃发电、秸秆沼气发电等）领域。欧盟许多国家都在积极推行绿色电力配额制度，并通过建立"绿色电力证书"和"绿色电力证书交易制度"来实现[25]。"绿色电力证书"可以进入市场交易，电力生产商或供应商如果达不到政府规定的配额要求，可以通过购买其他企业的"绿色电力证书"来实现。同时，可再生能源发电企业通过卖出"绿色电力证书"得到额外的收益，以激发企业发展绿色电力的动力[26]。

6.2.2 国外秸秆利用法规

秸秆利用途径虽然多样，但就现有文献而言，作者尚未检索到有关秸秆利用的专项法规。国外与秸秆利用直接相关的法规主要有两大类：一是农业类法规，集中体现在秸秆还田培肥和秸秆覆盖保护性耕作等方面。值得一提的是，在美国的农场法案中对生物质能源发展政府投资扶持作出了具体规定。二是能源类法规，其中，与秸秆新型能源化利用直接相关且具有纲领性作用的法规是可再生能源法规，与秸秆新型能源化利用密切相关的法规是生物质能源法规。

（1）美国《农场法案》对生物质能源的财政投资规定

美国农场法案每5年制定一次，是联邦政府农业财政支出的依据。2008年《农场法案》是美国新能源支持政策的转折点，自此以后，美国生物能源政策重点开始向非玉米生物燃料（以纤维素乙醇为主）生产转移，并扩大实施范围。按照2008年《农场法案》的授权，2008—2012年美国政府对生物质能源计划补贴27.76亿元，其中"强制补贴"10.42亿美元，"相机补贴"17.34亿美元；实际使用资金19.86亿美元，主要投资去向为：生物质能源作物援助计划9.24亿美元，生物燃料提炼厂援助计划3.20亿美元，农村能源计划（REAP）2.96亿美元，先进燃料生物能源计划2.60亿美元等[27]。美国2014年《农场法案》虽然将"强制补贴"降至8.80亿美元，但在生物质能源市场项目、生物质能源精炼援助项目、生物质能源农作物援助项目等方面增加了补贴额度，并要求联邦政府机构采购生物质能源的量必须达到某一目标[28]。

（2）可再生能源法规

目前，世界各国都较为重视可再生能源的发展，并通过加强立法，从财政补贴、税收减免、信贷优惠、市场机制（价格控制）、政策激励等方面对其进行大力促进和保障支持。

德国《可再生能源法》对支持可再生能源电力的发展有着全面、深入、细致的考虑和设计，经过十多年的发展，已成为世界可再生能源立法领域的典范。2000年，德国议会通过了《可再生能源法》，这是世界上第一部可再生能源法律文本[29]。在此后的10多年间，德国根据其可再生能源发展的实际情况，分别于2004年、2008年、2012年、2014年对《可再生能源法》进行了修改和完善，法律条款由最初的12条扩充为66条，形成了较完备的框架[30]。德国《可再生能源法》通过规定政府保证以相对较高的价格收购可再生能源；实施强制性可再生能源配额制度；不断提高经济支持力度；具体规定生产单位补贴办法等内容，帮助和支持经营生物质能源的中、小企业发展，从而有效地推动了可再生能源的开发利用。

（3）生物质能源法规

秸秆是生物质资源的基本构成，生物质能源法规是对秸秆新型能源化利用的具体法律规定。国外生物质能源法规常以条例的形式出现，如美国的《生物质能条例》、德国的《生物质能条例》、《生物质发电条例》等。

德国环境部于2001年制定了《生物质能条例》、《生物质发电条例》，并于2005年对两条例进行了修改[31]。德国《生物质能条例》对秸秆沼气、秸秆发电等秸秆新型能源化利用方式做了明确的规定。德国《生物质发电条例》对秸秆等生物质发电的技术范围、环境标准、电价控制、配额制度、财政政策等有关内容做了具体的要求。德国《生物燃料配额法》提出为第二代生物燃料、纯生物柴油和E85提供免税[29]。

美国联邦政府先后通过了《生物质能条例》（2001年）、《农业新能源法案》（2008年）等，为生物质能等新能源的开发利用提供了法律支持[32]。

日本生物质资源化利用形成了较完整的法律体系，包括《环境基本法》（1993年）和《建立循环型社会基本法》（2000年）等基本法律以及《废弃物处理法》（1970年）、《再生资源利用促进法》（1991年、2001年修订）、《食品废弃物再利用法》（2001年）等单行法。

（4）有关秸秆还田培肥和保护性耕作的法律规定

国外有关秸秆还田培肥的法律规定，主要体现在耕地地力保养或土壤肥力保养的具体法规（条例）中，例如日本把秸秆直接还田当做农业生产中的法律去执行，其《肥力促进法》明确提出必须"依靠施用有机肥料培养地力，在培养地力的基础上合理施用化肥"。

各国政府为促进保护性耕作的推广，推出相应的法律政策来保障其实施，但尚未发现任何一个国家制定保护性耕作的专项法规。有关保护性耕作的法律规定一般体现在各类农业法规中，如美国的《土壤保护法案》（1935年），要求农场主尽可能采用能够保护土壤的措施；《农村发展法》（1972年）和《食品安全法令》（1985年）都要求在易受侵蚀的地方采用保护性耕作技术，否则将得不到政府的任何补贴[33]。澳大利亚通过制定法规鼓励保护性耕作研究，并根据有关法案，提取农场主农业产值的1%作为研究费用，政府再按提取费用的40%加以补助[34]。

6.3 国外秸秆综合利用技术措施

6.3.1 秸秆还田循环利用

秸秆用作肥料的基本方法是将秸秆粉碎埋于农田中进行自然发酵，或者将秸秆发酵后施于农田之中。秸秆耕翻入土后，在微生物作用下发生分解，在分解过程中进行腐殖质化释放养分，使一些有机质化合物缩水，土壤有机质含量增加，微生物繁殖增强，生物固氮增加，碱性降低，促进酸碱平衡，养分结构趋于合理，并可使土壤容重降低、土质疏松、通气性提高、犁耕比阻减小，土壤结构明显改善。因此，秸秆肥料化技术是改良土壤，提高土壤中有机质含量的有效措施之一。

（1）秸秆覆盖保护性耕作

保护性耕作在国际上尚无统一概念，国外通常以秸秆残茬覆盖度为标准，指在一季作物之后地表留茬覆盖至少30%为保护性耕作，如起垄、带状耕作、覆盖耕作及免耕等。作物秸秆处理是保护性耕作制度取得成功的关键。秸秆覆盖保护性耕作通过用秸秆盖土，根茬固土，保护土壤，减少风蚀、水蚀和水分无效蒸发，提高天然降雨利用率。此外，作物秸秆、残茬腐烂后，还可以增加土壤有机质，培肥地力。

2001年10月联合国粮农组织（FAO）与欧洲保护性农业联合会（ECAF）在西班牙召开了第一届世界保护性农业大会，标志着保护性耕作在世界范围内得到广泛重视，保护性耕作现已成为一种世界性的农业可持续生产方式和现代生态农业的一个重要组成部分。据FAO统计，全世界保护性耕作面积在2002

年达到1.69亿hm²，占世界总耕地面积的11%[22]。

美国在西部开发中过度垦殖，导致20世纪30年代发生了震惊世界的"黑风暴"，"黑风暴"引发了对农业耕作技术的改革，形成了以少免耕代替铧式犁耕翻（图6-1、图6-2）、以秸秆覆盖代替裸露休闲为主要内容的保护性耕作。2009年美国68.3%的耕地实施了保护性耕作，涉及的作物种类包括玉米、小麦、大豆等常规作物，以及棉花、蔬菜、马铃薯、番茄等经济作物[33]。

图6-1　小麦收获后免耕直播

图6-2　小麦留茬免耕玉米直播

加拿大有4100万hm²耕地，其中85%位于加拿大西部的大草原地区。为了减少风蚀、水蚀，加拿大采取了少耕和免耕耕作体系。1996年，23%的大草原耕地实施了少耕耕作体系，12%的耕地实施了免耕耕作体系，并用除草剂代替耕作除草。截止到2006年，保护性耕作应用面积达到2091万hm²，占全国耕地的72%。近几年，加拿大举办的全国性农机展会上，传统耕作机具已经消失，全部被保护性耕作机具所替代[35]。

拉丁美洲包括巴西、阿根廷、智利、巴拉圭等国家，是保护性耕作起步较晚但发展很快的地区，现已成为世界上采用保护性耕作比例最高，面积仅次于北美洲的第二大保护性耕作区。

澳大利亚干旱面积约625万km^2，占澳洲大陆的81%左右，是典型的旱农国家。目前，澳大利亚农业生产中，大多采用免耕、少耕等秸秆覆盖保护性耕作技术。澳大利亚试验研究表明，有秸秆覆盖的农田比裸露休闲田地表径流减少40%左右，最大径流速度降低70%~80%，土壤受冲刷程度降至裸露农田的1/10，冬季作物残茬还能减弱地面风速，截留雨雪。截至2000年年底，澳大利亚免耕播种面积占耕地面积的36%，少耕占35%，传统耕作占29%。秸秆还田覆盖已成为澳大利亚可持续农业生产的重要措施之一[36]。

（2）秸秆过腹还田

秸秆养畜过腹还田与秸秆直接还田相得益彰，成为世界各国秸秆循环利用的又一重要方式。过腹还田是一种效益很高的秸秆利用方式，秸秆经过青贮、氨化、微贮处理，饲喂畜禽，通过发展畜牧业增值增收，同时将畜禽粪便制成高效有机肥料，实现秸秆过腹还田。目前，国外秸秆饲料化处理途径主要有3种：一是生物处理，主要是青贮和微贮；二是物理（机械）处理，主要包括切短或粉碎、揉搓丝化、压块或造粒、蒸煮和膨化等方式；三是化学处理，包括碱化处理、氨化处理等[37]。

西欧发达国家在农作物收获后，普遍采用捡拾打捆机，将秸秆捡拾、打捆、注氨、包装（塑料袋）一次完成饲料氨化处理，放在田间地头，让其自然氨化；待用时拉回养畜场，用饲料搅拌喂料机将氨化后的秸秆切碎，与配量精饲料搅拌混合，代替饲草直接喂牛、羊等反刍动物。整个秸秆饲料氨化处理和喂食过程完全机械化操作。秸秆经氧化处理后作饲料，在一些国家也得以广泛的推广，丹麦秸秆氧化率达20%，推动了养殖业的发展。

日本水稻秸秆作为粗饲料养牛的比例约占10.5%，通过秸秆打包机将稻、麦秸秆卷成中间留有适度圆孔的蛋糕卷状，达到预定规格后，用透气、防雨的塑料包装布将秸秆机械化包装。日本的秸秆垫圈也较为常见，约占秸秆量的4.7%；秸秆垫圈后，农户将根据情况随时清理、收拢、堆积、发酵，并将充分发酵后的秸秆、家畜粪尿混合物加工后施入农田，成为重要的有机肥料。没有饲养业的种植户，则通过和无农田的养殖户合作的方式进行互助处理。

韩国不适于大规模的草原放牧和连片的农田机械化作业，故其以家庭农场为主，在农区就近利用秸秆作为饲料，进行集约化的小规模精养，形成了稻麦—肉牛联营的种养业新模式，即在稻麦主产区，以家庭农场为单元，部分农民就地取材利用秸秆（包括自有秸秆和周边农户的秸秆）专营或兼营肉牛养殖，规模小则几十、多则有200头左右[9]。

（3）"秸—（畜）—沼—肥"循环利用模式

"秸—沼—肥"（秸秆生产沼气、沼渣沼液还田）与"秸—畜—沼—肥"（秸秆养畜、畜粪生产沼气、沼渣沼液还田）是国际上较为常见的以沼气为纽带的秸秆循环利用模式。

1948年，在德国的Odenwald小镇出现了第一个沼气设备。到20世纪70—80年代，由于世界范围内出现了能源危机，德国更加努力寻找其他可替代的能源，使得沼气利用的研究和实践取得较大进展。20世纪90年代以来，德国在间歇式干法沼气发酵技术的研发上取得新的突破。据统计，仅沼气项目，2010年德国已有400多万户居民使用沼气发电所产生的电能，总发电装机容量达到230MW，相当于2～3个核电站。德国沼气工程的发酵原料以畜禽粪便、玉米青贮秸秆，青贮饲草为主，另外还有餐饮旅馆的厨余垃圾、农副产品加工的废弃物，以及多余的粮食（如小麦、玉米）等（图6-3）。其对有机垃圾有着严格的控制，规定必须在70℃的高温下经过1h的处理才可以进入沼气池发酵，由此产生的沼渣才能作为有机肥料施用到农田。德国每年的农作物秸秆产量大约有5 000万t，目前的畜牧业养殖规模每天产生的粪便所含干物质约可达60 000t。因此，采用农作物和畜禽粪便两种原料进行发酵（全混合发酵工艺）的沼气工程在德国占主导地位。德国的沼气工程所产生的沼气主要用来发电，同时多数发电过程中产生的余热用于厌氧发酵罐增温，即热电联产模式。

图6-3　德国沼气工程
（田宜水，2009年）

　　瑞典、奥地利等国家的沼气工程发展模式与德国十分相似，大多属于混合原料发酵，而且以足够的农田消纳沼渣沼液作保障[38,39]。欧共体各国建有600多座大中型沼气工程，其中绝大多数可用于秸秆产生沼气。

6.3.2 秸秆离田产业化利用

　　世界各国秸秆离田产业化利用形式多样，主要集中在新型能源化利用方面，如秸秆发电、致密成型燃料、纤维素乙醇等。另外，秸秆环保板材和建材也受到不少国家的关注。

（1）秸秆发电

　　据国际能源机构研究成果，每2t农作物秸秆的热值相当于1t标准煤，且燃烧过程中产生较少的二氧化碳、二氧化硫，具有易获得、燃烧值高、清洁等优势，经济效益和生态效益明显。目前，各国政府广泛重视开发与利用秸秆发电技术，纷纷制订相应发展计划，将农作物秸秆发电作为21世纪可再生能源的发展重点。

　　丹麦是世界上最早应用秸秆发电的国家。20世纪70年代以前，丹麦93％的能源消费依赖进口。受1973年和1979年两次能源重创，丹麦开始尝试改变依赖传统能源的模式，在能源消费结构上，努力实现从"依赖型"向"自力型"转变。如今，丹麦已经成为石油和天然气的净出口国，主要得益于可再生能源的发展，其中秸秆发电

图6-4　丹麦秸秆直燃电厂原料库
（田宜水，2009年）

功不可没。丹麦目前拥有秸秆生物燃料发电厂已达到130多家（图6-4），秸秆发电等可再生能源占到全国能源消费量的24％以上[40]。丹麦农民每卖一吨秸秆不仅能得到400丹麦克朗，还能免费得到电厂返还的40kg炉灰（主要用作钾肥）。丹麦的秸秆发电技术已走向世界，并被联合国列为重点推广项目。在此基础上，丹麦设定了新的目标，即建立一个完全摆脱对化石燃料依赖、并且不含核能的能源系统，力争到2030年其能源构成目标达到：风能50％，太阳能15％，秸秆发电和其他可再生能源35％。

欧洲沼气发电技术以德国为典型代表。德国使用生物质能源发电占22%，其中58%以木材为燃料发电，41%为沼气发电，3%通过液体生物质（如生物柴油）发电等。目前，德国国内沼气发电工程的数量已由1992年的139家发展到2003年年底超过2000家，发电装机总量由1999年的50MW猛增到2002年的250MW。

（2）秸秆乙醇

秸秆乙醇又称纤维素乙醇，是以纤维素生物质为原料，经过原料预处理、水解（糖化）、发酵等工艺环节，最终将纤维素转化为乙醇的过程。经加工提纯后的乙醇能用来直接替代汽油等化石燃料，也可用作汽油中的品质改善剂。由于纤维素乙醇生产可充分利用秸秆等纤维类生物质资源，"不与人争粮，不与粮争地"，并可部分替代淀粉类原料乙醇生产对粮食的消耗，许多国家将其作为可再生能源技术突破和产业发展的制高点。

目前，积极开展纤维素乙醇技术研发并初步实现试点生产和运营的国家主要有美国、加拿大、意大利、英国、巴西等[41]。

美国在20世纪90年代后期就已将纤维素乙醇的研究及推广纳入国家可再生能源发展战略[42]。近年来推动再生能源，秸秆新兴替代燃料特别是生物燃料，从中提取乙醇进行开发利用，使秸秆综合回收利用有了新进展（图6-5）。美国环保局2007年将乙醇生产列入可再生燃料使用标准计划。美国第一个示范性的纤维素乙醇厂是Verenium公司，从2008年开始投入运行，年产纤维素乙醇529.9万L。2014年，美国第一家商业级纤维素乙醇生产厂正式投产，该项目名为"LIBERTY项目"，总投资2.75亿美元，每年将消耗玉米秸秆28.50万t，收集半径约70km，年产纤维素乙醇约1亿L。

图6-5 Abengoa公司位于美国堪萨斯州雨果顿镇的农业废弃物纤维素乙醇生产工厂

又如意大利，该国的Proesa纤维素乙醇项目生产线总投资1.5亿欧元，于2013年初投入使用。目前年产纤维素乙醇6万t，原料主要为稻草、玉米秆和芦苇，年使用量为27万t，来自工厂周边70km以内地区。纤维素乙醇生产后剩余的木质素用于直燃发电，装机容量为13MW。

巴西成为继美国和意大利之后的全球第三个进行二代生物乙醇商业规模生产的国家。在巴西，通过使用废弃的甘蔗渣，可使乙醇产量较目前水平提高约50%。

（3）秸秆成型燃料

秸秆成型燃料热值与原煤大体相当，可替代煤炭用于居民炊事和冬季取暖、锅炉供热、餐馆燃料等诸多方面。秸秆、林木废弃物等生物质成型燃料生产已遍布世界各主要国家。由于林木废弃物热值高于秸秆，不少国家，尤其是林木资源较丰富的国家，较多地采用林木废弃物生产成型燃料。但近年来，随着秸秆新型能源化产业的发展，为便于原料的长距离运输，秸秆成型燃料生产呈现较快的增长之势。目前，世界上很多发达国家生物质成型燃料利用技术从原料收集、粉碎、干燥，到致密成型以及成型产品的包装，基本实现了机械化、自动化和专业化生产，技术比较成熟[43]。

美国建有9个生产能力250t/d的生产厂，另有16个州兴建了日产量为300t的树皮成型燃料加工厂。日本截至1987年就有十几个颗粒燃料工厂投入运行，年生产物质颗粒燃料十几万吨。意大利阿基普公司开发出一种成型机械能够直接在田间将秸秆收割、切碎、榨汁、烘干成型，生产出瓦棱状固体成型燃料，其生产率可达1hm²/h。丹麦、法国、德国、瑞典、瑞士等欧洲国家建有生物质颗粒燃料厂30多家，机械冲压式成型燃料厂40多家。

欧美各国所生产的颗粒燃料，除根据订单供给生物质发电厂和供热企业外，还以袋装的方式在市场上销售，为城乡居民家庭提供生活燃料，如冬季取暖燃料。针对生物质固体成型燃料的特性，各国还分别开发了与生活、生产实际需求相适应的采暖炉和热水锅炉，以及配套的自动上料系统。

（4）秸秆板材

目前，秸秆在建筑材料领域内的应用已经相当广泛，秸秆消耗量大、产品附加值高，又能节约木材，具有很好的发展前景。按制品分主要有复合板、定向板、纤维板、模压板、空心板等。

美国20世纪80年代就开始进行秸秆制板的研发，目前已形成完整的工业体系。2006年，世界上最大的门生产厂家Masonite国际公司收购了Prime Board公司及其位于北达柯他州Wahpeton的麦秸刨花板厂——世界上第一家大型农业秸秆刨花板厂，展现出秸秆板材商贸活动的积极态势。

目前，利用农作物秸秆制造人造板，主要板种是按ANSTM3标准生产刨花板。在胶黏剂选择上，以麦秸为原料的工厂几乎一律采用胶合性能和耐水性好且无甲醛的异氰树脂（MDI），其很多性能上均优于普通刨花板，但MDI价格昂贵，板材胶黏剂成本较高。

（5）秸秆建筑

在人类历史上，人们很早就已经开始使用秸秆、芦苇等材料建造房子。现代秸秆建筑是随着绿色和环保观念而兴起的，主要流行于欧美等发达国家，而且根据某些建筑学家的现代理念设计建造了不少样板建筑。

1886年美国内布拉斯加州建成世界上第一座秸秆建筑，到19世纪40年代，新秸秆技术的应用使秸秆建筑发展进入第一个高潮。仅1915—1930年，在内布拉斯加州就修建了大约70多座秸秆住宅。其中建于1938年位于美国亚拉巴马州亨茨威尔的伯里特大楼，在墙、顶棚和屋面中共计使用了2 200块秸秆砖，是美国最早采用在两层梁柱木结构中填充秸秆砖的建筑，目前，美国大部分地区都建造了秸秆砖建筑。

此外，在21世纪初，英国、挪威和法国等国家其以秸秆为主要原材料的建筑已逾400余座。

6.4 国外秸秆资源化利用经验借鉴

世界各农业发达国家的秸秆利用水平已经走在世界前列，其在秸秆循环利用、产业化发展等方面的成功经验，对中国秸秆利用具有宝贵的借鉴意义。未来我国必须加强科技研发，大力开展秸秆还田循环利用，积极推行秸秆离田产业化利用，完善政策激励机制，完善相关法律法规体系，以促进我国秸秆综合利用水平不断迈向新台阶。

6.4.1 加强科技研发

目前，我国秸秆综合利用中存在着还田技术标准和规范不明确，还田作业质量较低；秸秆产业化关键技术不成熟，成本高、效率低；秸秆利用设备数量少、不配套等方面问题，严重制约了秸秆综合利用水平的提高。农作物秸秆资源的开发利用涉及多学科、多专业，要提倡学科交叉、优势互补，大力应用生物技术、计算机技术、新材料技术、新能源技术等领域内的研究成果，提高农作物秸秆材料产品的科技含量，降低生产成本，增强产品在市场上的竞争能力。不断借鉴发达国家秸秆利用的先进经验，按照"引进消化、创新研发、科学制定、转化推广"的思路，积极谋划秸秆综合利用的研发计划，聚焦重大核心技术突破，促进重大科技成果转化应用，努力将秸秆利用建立在科技支撑、科技推动、科技引领的良性发展轨道[44]。

6.4.2 大力开展秸秆还田循环利用

发达国家基本形成了"三合制"的施肥制度，同时确立了以农场为基本单元、以秸秆养畜过腹还田为主导内容的种养结合循环农业模式。据估算，2013年全国秸秆总产量达到9.74亿t，其中秸秆残留还田量为2.53亿t[45]。据农业部统计汇总，2012年全国可收集利用秸秆的直接还田量1.85亿t，秸秆养畜利用秸秆量2.20亿t。由此表明，目前我国秸秆直接还田量约为4.38亿t，占秸秆总产量的45%左右，与发达国家的总体还田比重低20个百分点左右，秸秆直接还田比重有一定的提升空间。同时，以西北干旱半干旱地区为重点，积极推广秸秆覆盖保护性耕作。

我国秸秆养畜利用秸秆量占到秸秆总产量的22%以上，与发达国家秸秆饲料化数量比重基本持平，甚至高于部分发达国家的比重，但现实面临着严重的种养脱节问题，严重制约了种养结合秸秆循环利用水平的提高。欧美等发达国家种植制度的设计大都考虑了土地载畜量的要求，不仅使部分土地（如英国1/3左右的土地）种植从属于畜牧业生产，而且对一般的农作物种植也要考虑到可饲用秸秆的出路问题。借鉴欧美尤其是日、韩等发达国家的经验，大力发展以新型农业经营主体为基本单元、以秸秆还田循环利用为主导内容的种养结合循环农业，是目前我国现代农业发展面临的最迫切的任务。

6.4.3 积极推行秸秆离田产业化利用

发达国家秸秆离田产业化利用主要集中在饲料化和秸秆新型能源化两个方面。我国秸秆离田产业化利用更应该形成多元化的发展趋势，除不断引进和消化吸收发达国家在秸秆饲用、发电、沼气、颗粒燃料生产等方面的先进技术外，还应在食用菌种植、商品有机肥生产等方面形成具有国际领先水平的秸秆利用新技术和产业优势，并在秸秆清洁制浆、纤维素乙醇、生物质油、环保板材和建材、秸秆化工等方面加强超前研发，形成技术储备，占领秸秆科技化、生态化、高值化利用的制高点。

6.4.4 加强政策创设，建立长效机制

根据发达国家秸秆利用的经验，未来我国应在如下几个方面加大政策创设力度：一是将政府投资主要用于秸秆利用研发和高科技含量的产业化项目（如秸秆清洁制浆、纤维素乙醇等）的试点示范；二是借鉴韩国的经验，按面积进行还田补贴；三是对秸秆利用机械和设备，包括秸秆还田机械、收储运机械和秸秆产业化生产设备，以及符合绿色环保要求的产品（秸秆收储和秸秆饲料可将打捆收集量作为终端产品），尽可能地进行全方位的财政补贴、税收减免和信贷优惠；四是在继续实行秸秆等生物质发电固定电价的基础上，力争早日实施发电配额制度；五是对购买消费秸秆致密成型燃料和沼气的用户进行消费补贴。

6.4.5 完善和制定有关秸秆利用的法规和条例

一些农业发达国家用法律作保障，稳步提升秸秆综合利用水平。其具体的实践对我们有以下借鉴意义：一是对有关秸秆利用的某些基本法进行修订，如在《畜牧法》增加秸秆养畜的有关规定，在《水土保持法》中针对风蚀地区增加保护性耕作的有关规定等；二是在新农村建设、美丽乡村建设的国家规定中明确秸秆综合利用和安全处理的有关要求；三是以《可再生能源法》为上位法规，制定《生物质能条例》，并对秸秆等生物质发电、沼气、生物天然气、热解燃气、致密成型燃料、生物炭、生物油、纤维素乙醇等做出具体的规定，明确其发展目标、技术要求、扶持重点、激励机制、强制性处罚、政策保障等有关要求。

参考文献

［1］郝辉林.玉米秸秆机械粉碎还田前景分析[J].中国农机化,2001(2): 30-31.

［2］刘巽浩,王爱玲,高旺盛.实行作物秸秆还田促进农业可持续发展[J].作物杂志,1998(5): 2-6.

［3］李万良,刘武仁.玉米秸秆还田技术研究现状及发展趋势[J].吉林农业科学, 2007, 32(3): 32-34.

［4］毕于运.秸秆资源评价与利用研究[D].北京:中国农业科学院研究生院,2010.

［5］高虎,黄禾,王卫,等.欧盟可再生能源发展形势和2020年发展战略目标分析[J].可再生能源,2011,29(4): 1-3.

［6］邓勇,陈方,王春明,等.美国生物质资源研究规划与举措分析及启示[J].中国生物工程杂志,2010,30(1): 111-116.

［7］张百灵,沈海滨.国外促进生物质能开发利用的立法政策及对我国的启示[J].世界环境,2014(5): 78-80.

［8］郑玲惠,张硕新,王莹.国外发展生物质能政策措施对中国的启示[J].市场现代化,2009(6): 13-14.

［9］周应恒,张晓恒,严斌剑.韩国秸秆焚烧与牛肉短缺问题解困探究[J].世界农业,2015(4): 152-154.

［10］任继勤,汪亚运,王得印.国外生物质能源政策措施及其效果分析[J].世界林业研究,2014,27(2): 89-92.

［11］Ericsson K, huttunen S, Nilsson L J, et al. Bioenergy Policy and Market Development in Finland and Sweden[J]. Energy Policy, 2004, 3: 1707-1721.

［12］Nilsson L J, Pisarek M, Buriak J. Energy policy and the role of bioenergy in Poland[J]. Energy Policy, 2006, 34(15): 2263-2278.

［13］Panoutsou C. Bioenergy in Greece: policies, diffusion framework and stakeholder interactions[J]. Energy Policy, 2008, 36 (10): 3674-3685.

［14］Thornley P, Cooper D. The effectiveness of policy instruments in promoting bioenergy[J]. Biomass and Bioenergy, 2008, 32(10): 903-913.

［15］丁翔文,张树阁,王俊友.德国和丹麦农作物秸秆利用技术与装备考察报告[J].农机科技推广,2009(12): 51-55.

［16］刘宁,张忠法.国外生物质能源产业扶持政策[J].世界林业研究,2009,22(1): 78-80.

［17］雷达,席来旺,李文政,等.浅析国外秸秆的综合利用[J].现代农业装备,2007(7): 67-68.

［18］谢旭轩,王仲颖,高虎.先进国家可再生能源发展补贴政策动向及对我国的启示[J].中国能源,2013,35 (8): 15-19.

［19］中国农村科技编辑部.国外生物质能源战略的启迪[J].中国农村科技,2011(3): 52-55.

［20］张嵋喆,王君,林中萍.欧盟生物质能产业发展现状和相关政策研究[J].中国科技投资,2008(11): 45-47.

［21］思远.美国发展保护性耕作的做法及启示[J].当代农机,2010(10): 52-53.

［22］李安宁,范学民,吴传云,等.保护性耕作现状及发展趋势[J].农业机械学报,2006,37(10): 177-180.

［23］杨林,赵嘉琨,王衍,等.澳大利亚机械化旱作节水农业和保护性耕作考察报告[J].农机推广,2001(4): 20-22.

［24］靳贞来,靳宇恒.国外秸秆利用经验借鉴与中国发展路径选择[J].世界农业,2015(5):

129-132.

［25］Morthorst P E. The development of a green certificate market[J]. Energy Policy, 2000, 28: 1085-1094.

［26］程荃. 欧盟新能源法律与政策研究 [M]. 武汉：武汉大学出版社，2012.

［27］李超民. 美国2013年《农场法》能源补贴与展望[J]. 农业展望，2013(10): 36-40.

［28］彭超. 美国2014年农业法案的市场化改革趋势[J]. 世界农业，2014(5): 77-81.

［29］罗涛. 德国新能源和可再生能源立法模式及其对我国的启示[J]. 中外能源，2010, 15(1): 34-45.

［30］舟丹. 德国《可再生能源法》的沿革[J]. 中外能源，2014(9): 55.

［31］Vasilyev M. Regulation and trends in electric power industry: Renewable generation in Germany and Switzerland [J]. Powertech, IEEE Trondheim, 2011: 1-5.

［32］王韬钦. 美国、巴西农业生物质能产业发展实践与经验借鉴[J]. 世界农业，2014(11): 138-141.

［33］金攀. 美国保护性耕作发展概况及发展政策[J]. 农业工程技术(农产品加工业)，2010(11): 23-25.

［34］刘恒新, 王薇, 李庆东, 等. 保护性耕作在澳大利亚的成功实践——农业部赴澳大利亚技术交流考察报告 [J]. 农机科技推广，2009(9): 48-51.

［35］李建政, 王道龙, 高春雨, 等. 欧美国家耕作方式发展变化与秸秆还田[J]. 农机化研究，2011, 33(10): 205-210.

［36］张培增, 郭海鸿. 澳大利亚新西兰保护性耕作和牧草机械化生产技术考察报告[J]. 农业技术与装备，2013(21): 15-19.

［37］晏向华, 瞿明仁, 黎观红, 等. 秸秆饲料资源的开发与应用研究的新进展[J]. 粮食与饲料工业，2000(5): 22.

［38］Lantz M, Svensson M, Bjrnsson L, et al. The prospects for an expansion of biogas systems in Sweden-incentives, barriers and potentials[J]. Energy Policy, 2007, 35(3): 1830- 1843.

［39］Braun R,madlener R, Laaber M. Efficiency of energy crop digestion- Evaluation of 41 full scale plants in Austria[C]. Proceedings of the future of biogas in Europe- Ⅲ. Denmark Esbjerg: University of Southern Denmark, 2007: 51-58.

［40］Song W, Lin W. Power production from biomass in Denmark [J]. Journal of Fuel Chemistry and Technology, 2005, 33(6): 650-655.

［41］Kim S, Dale B E. Global potential bioethanol production from wasted crops and crop residues[J]. Biomass Bioenergy, 2004, 26: 361-375.

［42］Balat M, Balat H, Cahide Ö Z. Progress in bioethanol processing[J]. Progress in Energy and

Combustion Science, 2008, 34(5): 551-573.

［43］阮建雯,蔡宗寿,余继文,等.国内外农作物秸秆固化成型技术研究[J].世界农业,
2014(4): 40-43.

［44］唐珂.科学施策标本兼治切实推进秸秆综合利用[J].农村工作通讯, 2015(21): 31-33.

［45］王亚静,王红彦,高春雨,等.稻麦玉米秸秆残留还田量定量估算方法及应用[J].农业工
程学报, 2015, 31(13): 244-250.

07/第七章 国外农田残膜污染防控政策与技术

7.1 国外地膜残留污染防治概述

7.1.1 国外地膜应用现状

地膜覆盖种植技术能够有效增加和延长作物生长期,确保农作物产量,因此它被称为农业生产上的一场"白色革命"。然而随着普通PE地膜使用量和使用年数的不断增加,农田中残留地膜不断积累,在局部区域"白色革命"正在变成"白色污染"。残膜污染与地膜应用是相伴而生的,在20世纪50年代到70年代,随着材料科学发展以及地膜覆盖栽培技术兴起,地膜迅速在欧洲和日本等国家(地区)普及[1]。日本最先开始在蔬菜种植上大规模使用塑料薄膜覆盖技术[2]。随后,法国、意大利和前苏联等也相继在农业生产中推广应用。20世纪80年代以后,以中国为首的发展中国家开始大规模应用地膜覆盖技术。总体而言,地膜覆盖技术在国外虽然应用年限较长,但应用量和应用面积较小,且一直保持相对稳定的状态[3]。如欧洲和日本等发达国家的地膜年用量一般都在十万吨以下,覆盖面积都很少(表7-1),欧洲[4]和日本农作物覆膜面积之和还不到中国的三十分之一。

表7-1 欧洲各国和日本与中国地膜覆盖面积对照

国家	覆膜面积(万亩)	国家	覆膜面积(万亩)
德国	22.5	挪威	4.2
比利时	5.1	葡萄牙	34.5
保加利亚	19.5	瑞士	4.2

（续）

国家	覆膜面积（万亩）	国家	覆膜面积（万亩）
西班牙	180.6	斯洛伐克	3
法国	150	英国	15
希腊	7.5	乌兹别克斯坦	0.93
匈牙利	3.6	俄罗斯联邦	63
意大利	127.5	欧洲	640.59
日本*	225	中国	>30 000

注：日本地膜覆盖面积根据昭和电工小野的数据折算。

7.1.2 国外地膜残留污染防控概述

全球范围内，地膜覆盖技术在应用过程中不可避免存在污染和潜在污染的可能性，这一现象引起世界各国的广泛关注，为了解决这一问题，世界各国开展了地膜残留污染防治工作。数据显示，2011年，欧洲共生产全新的农用塑料薄膜超过17万t，其中大多数是低密度聚乙烯（LDPE）薄膜[5]。然而，农用塑料薄膜的回收率仅为50%左右，其中机械回收率仅为23%左右。塑料薄膜的残余量高，加上农民就地掩埋和焚烧的处理方式，使之成为了一个极具挑战性的环境问题。欧洲和日本结合废旧塑料污染防治的经验和现实，根据国情颁布实施了相关的政策法规和技术措施，这其中一些做法对我国开展地膜残留污染防治具有一定的借鉴意义。

地膜原料主要是聚乙烯等高分子化合物，在自然条件下很难分解或降解。因此，每年都产生大量的农用地膜废弃物（APW），欧洲每年产生农膜废弃物在10万t以上，我国仅在农田中存留地膜就在50万t以上。如何妥善处理这些废弃农膜是世界各国面临的一个共同难题。焚烧是解决残膜污染的办法之一，但是从环境保护和可持续发展的角度来看，焚烧并不是一个最终的解决办法。日本是发明和应用地膜覆盖技术的始祖，地膜覆盖相对普遍，在技术应用和研发方面都走在世界前列。为了防治废弃地膜对土壤和环境的危害，日本主要开展了两方面的工作，一方面制定高标准的地膜质量控制法规，严控地膜质量，为地膜回收奠定基础。日本塑料地膜（较厚的中膜）一般要使用3～4次，废弃后的塑料地膜不许直接田头焚烧，也不许弃于田间，须交给有资质的专业公司回收处理。另一方面采取扶持政策，促进用后地膜无害化处理和资源化循环利用。在这种环境政策驱动下，虽然在日本市场上PE地膜占全部地膜市场份额的80%以上，其中用于蔬菜覆盖占48%，用于花卉栽培占15%，用于水果栽培占29%，

121

其他用途占8%，但基本上没有出现地膜残留污染的问题。欧洲与日本一样，在强化地膜质量的基础，采取法律措施保障地膜用后的回收处理。

7.2 国外地膜残留污染防治政策措施

在地膜污染防治方面，日本和欧美等发达国家采用高强度地膜、可降解地膜，同时配套严格的地膜回收处理法律法规，从源头上杜绝了地膜残留污染的发生。因此，在欧洲和日本等国家，虽然存在严重的塑料垃圾污染问题，但基本不存在农田地膜残留污染问题。

7.2.1 制定地膜产品生产标准

在地膜产品方面，日本工业标准委员会在1956年就制定了聚乙烯农用地膜标准，并在1994对标准进行了重新修订，形成现在农用聚乙烯薄膜标准（JIS K 6784，1994），在该标准中，要求聚乙烯地膜厚度必须在0.020mm以上，具有较高的强度，能在使用后回收时不发生大面积的破碎断裂，否则被视为不合格产品。

7.2.2 完善地膜产品回收制度

在地膜回收处理方面，日本有明确的法律条文——《日本废弃物处理及清扫法》，该法律规定，农民在使用完地膜后不能私自扔掉、或在田头焚烧和填埋，如农民私自进行焚烧，将予以3年以下监禁或是1 000万日元罚款。每个生产者都有义务将废旧地膜按照国家的要求进行回收、清洗、打包、并送至规定的地点进行集中分拣和分类。日本从1998年12月开始，采取向农户发行"管理票"措施，强化对包括废弃农用塑料制品在内的所有农业废弃物处理履行义务条例。该条例要求，农民要对使用后地膜进行回收、清洗，然后按照重量付费交给日本农协管理下的产业废物管理公司，公司对回收地膜进行再处理，制成燃料块后卖给有关能源企业。

在日本，由于区域差异，农业废旧塑料的数量和类别存在差异，具体政策也就不完全一致，如大阪府是一个农业相对发达的区域，大阪府的蔬菜地膜覆盖栽培以水茄子、绿叶菜和洋葱为主，丘陵地区也种植有葡萄。温室设施面积约450万m^2，温室以果树种植为主，多为PO类转光膜。小型拱棚和直接地面覆膜面积各约20万m^2，所用薄膜一般普通聚乙烯膜。大阪府每年产生废旧塑料的处理量约为650t，其中聚乙烯膜和聚氯乙烯膜各占50%。农用废旧塑料处理按照"大阪府园艺用废塑料合理处理基本方针"的要求开展，回收工作由大阪府协商会负责，村庄协商会具体进行回收，对于没有协商会的村镇，则由日本农协的分会进行集体回收。回收对象包括农业用乙烯树脂、聚乙烯薄膜、农药塑料容器和其他覆盖材料。农用塑料的回收价格在20日元/kg，但农民需要购买废塑料回收袋（100cm×80cm），价格为840日元/袋。所有的农用塑料回收工作都需要使用这种专门的回收袋，为了防止其他非塑料的杂物混入，需要对回收对象物以外的东西进行指导。回收场所一般在农民合作社的院内，所有交售废旧塑料的包装袋都要注明住址、姓名、温室面积、废弃物数量等。关于无偿回收方面，大阪府曾经进行过讨论，但最终没能实施。大阪府农业协会的调查结果还显示，管辖区内农户约1 800户，但并非每年都会产出废塑料，农协每年实际只处理100～150农户在农业生产中产生的废旧塑料，农民直接将废塑料交给农协指定的废旧塑料回收处理公司。每年在夏、秋进行2次回收工作，每次处理量约为20t，主要包括农用聚乙烯膜、农用聚氯乙烯膜、黑色覆膜、温室用聚氯乙烯塑料、气体消毒用聚乙烯、水培定植板、泡沫聚苯乙烯、肥料袋、波形挡板、变质聚氯乙烯塑料等，回收费用为40～50日元/kg。

7.2.3 高效处理农业废弃地膜

为合理高效回收处理农业废弃薄膜，欧洲各个国家都出台一系列的相关法律给予约束。在欧洲的《农业废弃物填埋条例》（Directive 99/31/EC）、《农业废弃物焚烧条例》（Directive 2000/76/EC）中，对废弃农膜回收处理都进行了明确规定。1997年，意大利通过立法方式，建立了意大利聚乙烯材料循环利用联合体，将农膜生产者，经营者以及使用者结合在一起，保证农用塑料废弃物安全回收和处理。为保护农田免受残膜污染，法国环保部在2003年出台了农业塑料废弃物回收和利用法律条文，对农用薄膜回收利用进行了详细规范[6]。

7.3 国外地膜残留污染防治技术措施

地膜回收是一项难度极大的工作，它包括地膜回收和再生利用两个过程。因此，在加强研制地膜回收机械，开展地膜回收利用技术研究基础上，还应在废膜再生利用、新型地膜产品开发等方面进行攻关。

7.3.1 地膜机械回收技术

由于人工回收地膜存在成本高、效率低和强度大等缺点，高效的地膜回收机械至关重要，也是目前主要的回收手段。在欧美和日本等发达国家，地膜普遍较厚（一般为0.020～0.030mm），耐老化、强度高，具有良好的可回收性，主要采用收卷式回收机进行地膜卷收，该类机型结构比较简单。例如，在欧洲，一般采用悬挂式收膜机，工作时松土铲将压膜土耕松，然后将薄膜收卷到羊皮网或者金属网上，回收后的地膜洗干净后卷好以备再次使用。法国的一些地区采用地膜铲将压在地膜两侧的泥土刮除，随后起出地膜，并在地头由人工将膜提起并缠在筒上，随着机组的前进，地轮带动卷膜筒旋转，地膜连续不断地缠在卷膜筒上，完成地膜的回收过程。针对农业生产实际与地留地膜特点，我国研发出弹齿式、滚筒式、气力式、滚轮缠绕式和齿链式等残膜回收机。有单项作业和联合作业两种作业形式，按农艺要求及作业时段可分为苗期揭膜回收机、耕前地表残膜回收机（秋后残膜回收）、耕后耕层内残膜回收机及播前表层残膜回收机[7,8,9]。目前，我国已研制出多种残膜回收机具（图7-1），并取

图7-1　新疆不同地膜回收机具作业现场
（严昌荣、曹肆林，2015）

得了很大的突破，但是回收机也存在一些不足，如何改进和简化机具的结构，降低成本和提高工作性能是一个巨大挑战，见表7-2。

表7-2　我国残膜回收机的类型及优缺点

残膜回收机类型	优　　点	缺　　点
苗期残膜回收机	机具结构简单，使用调整方便	只能回收大块残膜，对较小的或碎膜则不能回收
秋后残膜回收机	大多数机型以联合作业机为主，可以减少下地作业次数	结构复杂，重量较大，而且造价比较高
春播前残膜回收机	大多数机型结构较为简单	只能回收大块的残膜，而工作效率比较低

7.3.2　可降解地膜

采用可降解地膜替代PE地膜是解决农田地膜残留污染的最佳途径，按照降解机理可分为光—氧降解和全生物降解两种降解地膜产品。光—氧降解是在高分子聚合物中引入光增敏基团或加入光敏性物质，使其吸收太阳紫外光后引起光化学反应而使高分子链断裂变为低分子质量化合物的一类塑料地膜。生物降解塑料地膜是指一类在自然环境条件下可为微生物作用而引起降解的塑料地膜。日本和德国是世界上最早开展生物降解塑料研发的国家，在生物降解材料合成技术、工艺设备以及成膜技术都处于世界前列。在日本，已工业化的产品有昭和电工株式会社的"碧能"系列产品、三菱化学/味精公司的PBS（3 000t/年）和三井化学公司的PLA（500t/年）等产品（图7-2）。德国BASF公司已建立年产7.4万t连续合成PBS、PBAT等脂肪族聚酯生产车间，开发ECOVIO、ECOFLEX等系列地膜产品，在欧洲和日本，可生物降解地膜产品占全国地膜产量的10%。法国Groupe Limagrain公司研制和开发的Biolice可降解地膜，主要由玉米粉与可生物降解聚合物的组合，经过一系列的生物塑料化合物的工业挤压、注塑和热成型等过程，制成的一种100%生物降解和100%可堆肥新型材料。Biolice可降解地膜能被微生物完全分解，其降解的最终产物为CO_2和H_2O，不会对环境产生二次污染[10]。意大利国家研究委员会开发出一种新型喷洒式可降解地膜，由天然高分子材料制成，有机废料可作为主要生产原料，在使用时将液态地膜喷洒在土地上，自然形成固态地膜，作物收获后它会慢慢自然分解[11,12]。

图7-2 日本四国地区应用可生物降解地膜种植生菜
（严昌荣，2015）

在国内，金发科技股份有限公司在双金属复配纳米级聚酯合成催化剂技术、聚合物分子链支化结构控制技术突破的基础上，形成了聚酯材料工程设备的系统集成技术体系，并建立了年产2.5万t PBS等降解材料合成车间，所产地膜与日本昭和、德国BASF的产品性能基本一致（图7-3）。山东汇盈新材料科技有限公司通过与中国科学院开展技术合作，研发出聚合时间短，无污染，成本低和稳定性好等特点的丁二酸、丁二醇酯化后直接缩聚成PBS材料的技术工艺，建成1条年产2.5万t PBS生产线。亿帆鑫富药业股份有限公司也投产了一套年产1.3万t生物降解树脂生产线，研发的生物降解地膜也表现出良好的增温保墒性能。

图7-3 湖北可生物降解地膜种植马铃薯（随县）和烟草（兴山）
（严昌荣，2015）

采用促进降解剂进行普通PE塑料降解也是一个研究热点，将具有催化聚乙烯光/热降解的促进降解剂通过特殊方式加入到PE中，可以生产出能实现降解的PE材料。如英国Wells公司生产的Revert（乐卫地）PE塑料降解促进剂，已在全球占有较大市场。在国内，山东天壮环保科技有限公司也研制出类似的降解促进剂，并用于可降解地膜产品生产，显示出较好的降解性能。关于含有降解促进剂的聚烯烃类降解塑料还存在着不同的观点。英国塑料联合会公共和工业事务总裁菲利普—罗认为："氧化—生物降解塑料（OBD）是可持续制造的最佳途径，并指出氧化—生物降解添加剂已经成为众多塑料产品的首选"。阿联酋等13个国家或地区已经为鼓励使用OBD塑料制定了法律和标准[13,14]。与之相反，有人担心这种塑料是否真正降解了，降解是否会产生新的次生污染物，如欧洲塑料加工协会拟禁止OXO碎解塑料在欧洲应用，他们认为，如果2%的OXO碎解塑料进入废料回收体系，就会对再生PE塑料的最终产品质量产生明显和可见的负面影响。但是，目前还没有研究结果显示OXO碎解塑料（氧化生物降解塑料）存留在土壤中会对土壤环境产生不利影响。

总体来看，由于可降解地膜降解和应用的复杂性，同一配方的降解地膜在不同的地方、对不同的作物有不同的降解表现，必须通过应用研究才能推广使用，还有与普通聚乙烯地膜相比，存在成本过高的问题，因此，降解塑料地膜的大面积推广应用一直受到成本制约。未来随着材料科学的发展，以及工艺水平的提高，以生物质为主要原料的生物降解地膜将会是替代传统的聚乙烯地膜解决"白色污染"问题的最终途径[15]。

7.3.3 再生循环利用技术

废旧地膜处理方式主要有三种：一是填埋法，但是由于残膜不易腐烂，终将对环境造成污染，所以这种方法应用的越来越少；二是焚烧法，该方法把地膜燃烧产生的热能用于发电或其他方面；三是回收再利用，通过分解废旧地膜，回收乙烯或提炼石油制品进行再利用，或将其进行再生处理，制成塑料制品。越来越多的国家已倾向于通过各种技术手段来实现废旧薄膜的循环和利用。在法国、德国、意大利和西班牙，农田残膜回收循环利用可以达到20%~30%。

根据机理不同，废旧地膜回收利用可以分为物理循环利用、化学循环利用以及能量的循环利用。物理循环利用主要是通过对废旧残膜分拣、清洗、熔融塑化以及切割造粒等过程，重新生产塑料制品的过程。为抵御长时间的阳光暴晒，农用地膜含有多种添加剂，如抗氧化剂和紫外线（UV）的稳定剂，以及也可能含有乙烯—醋酸乙烯共聚物（EVA）等，因此，残膜是很好的制作复合材料的基体。另外，残膜中存在的极性醋酸乙烯基团会提高非极性聚乙烯基质和极性纤维素之间的相容性，可以提高聚乙烯—纤维素的界面附着力和复合材料的性能，增强聚合物基质的拉伸性能，弯曲性能和热性能。近期研究发现，应用残膜生产的复合材料不仅生产成本低、密度低和能耗低，其拉伸弹性模数和强度分别达到了 0.25 ~ 0.48GPa 和 10 ~ 11MPa，而且对加工设备的磨损少，对操作者身体危害小，最主要的是这种复合材料具有生物可降解性，对环境无污染。化学循环利用是指对废旧农膜高温催化裂解，从而获得低分子量的聚合单体、柴油、汽油和燃料气、石蜡等过程，既可以节省和利用资源，降低处理费用，又可消除或减轻废旧塑料对环境的影响，是近年来废旧塑料资源化利用研究的焦点，主要包括热分解油化技术、高炉喷吹技术、共焦化技术、热能利用技术等。废旧农膜的热值极高，因此，通过热能回收具有很大潜力，日本和德国等都已建立了专门的处理工厂进行废塑料的处理，并显示出良好的经济效益。

7.4 地膜残留污染防治经验借鉴

农田地膜残留是我国特有的污染问题，除了标准和回收处理条例外，国外地膜残留污染防治的政策也基本属于空白。在我国，中央和地方财政支持政策大致包括四种方式，一是以旧膜换新膜方式，支持地膜回收；二是安排专项资金，对农田地膜回收进行补助，促进地膜回收；三是通过项目支持，建设废旧农膜回收网点和加工厂，以拓宽利用渠道带动地膜回收；四是通过贴息、技改项目等优惠政策，加大对再生资源回收企业支持力度，提高对废旧农膜资源化能力，促进地膜回收。总体上，相关政策的综合效果较为有限，一方面是与地方财政困难，扶持资金相对有限，政策覆盖面小；另一方面，受国际石油市场的影响，地膜回收与资源化利用企业规模小，抵御风险能力弱，难以持续发展。在这种情况下，中央和地方政府主要开展了以下几方面尝试。

7.4.1 制定政策法规，明确地膜残留污染防治目标

为了防治和减少地膜残留污染，从源头上搞好这个工作，甘肃、新疆和宁夏等省份出台专门的地方性法规，对地膜质量、回收处理做出具体规定。如甘肃省政府制定了《甘肃省废旧农膜回收利用条例》；甘肃省农牧厅出台了《关于加强废旧农膜回收利用推进农业面源污染治理工作的意见》；甘肃省农牧厅和财政厅制定《甘肃省废旧农膜回收利用专项资金管理暂行办法》。新疆维

吾尔自治区政府组织编制了《2015—2020年新疆农田废旧地膜污染综合治理规划》《新疆废旧地膜污染综合治理指导意见》《新疆农田废旧地膜污染治理条例》等。宁夏回族自治区制定了地方性标准《农用残膜回收利用技术规范DB64/T 702—2013》。以立法的形式对地膜残留污染防治进行规定，明确了地膜回收的责任、权利和技术手段等。

7.4.2　设立防治专项，示范和引导防治技术

为了引导和加强地膜残留污染防治工作，中央和地方政府近年来设立专门的项目，支持地膜回收利用，具体包括国家清洁生产项目在过去3年来，每年投入专项资金支持地膜回收网点、地膜加工生产线建设，尤其是2014—2015年，每年投入资金达2亿多元，重点支持了新疆、甘肃等西部地膜应用集中区，通过对回收体系、加工能力的建设，以利用带动了地膜回收。2014年山东省设立财政专项（7 000万元）支持氧化生物双降解地膜的应用。

7.4.3　建立补贴机制，促进地膜回收和降解地膜应用

为了鼓励农民和相关企业开展地膜回收，部分省区建立了地膜以旧换新、地膜回收机具购机补贴、地膜再生料补贴等财政补贴政策。甘肃和新疆在以上几个方面都开展了工作，如在以旧换新方面，基本是按照3kg旧地膜换1kg新地膜，以鼓励农民能够将地膜从田中收回。地膜回收机补贴力度与国家现行农机补贴政策完全一致，补贴金额占整个购机费30%，使得地膜回收措施能够跟上来。再生料补贴主要是为了鼓励废旧地膜加工企业，提高企业回收积极性，补贴标准一般300～500元/t。近年来，山东省、云南省及新疆兵团为了鼓励农民应用降解地膜，通过采用补贴的方式，利用降解地膜替代普通PE地膜，补贴的政策是政府补贴降解地膜与PE地膜的差价，引导农民利用降解地膜，促进其替代普通PE地膜的进程。

7.4.4　地膜残留污染防控相关政策建议

完善政策法规，促进依法行事。地膜残留是我国特有和新污染问题，关于这方面的法律法规还很不完善，国家和地方政府已经制定的相关文件大部分属于应对目前紧急状态的临时之策，因此，与地膜残留污染相关的中央和各级地方政府部门应认真研究解决地膜残留污染的长久政策，从全局、长远的角度，在已有政策法规基础进行系统梳理和完善，明确地膜残留污染防治的责任主体，彻底解决目前地膜残留污染防治无法可依局面。完善补贴措施，促进地膜

残留问题解决。完善合理的回收激励机制，以及实用高效的技术手段是地膜残留污染防治的重要方面。相关部门应该根据过去几年各地在地膜以旧换新、标准地膜补贴、农机补贴、可降解地膜替代等方面进行系统分析，进一步梳理和明确政策支持的范围和资金补贴力度，调动社会、企业和农民参与地膜残留污染防治的积极性，从而实现从目前点状回收到全地膜覆盖区域的地膜回收。

参考文献

［1］严昌荣, 何文清, 刘爽, 等. 中国地膜覆盖及残留污染防控[M]. 北京: 科学出版社, 2015.

［2］常瑞普, 严昌荣. 中国农用地膜残留污染现状及防治对策[M]. 北京: 中国农业科学技术出版社, 2012.

［3］吕江南, 王朝云, 易永健. 农用薄膜应用现状及可降解农膜研究进展[J]. 中国麻业科学, 2007, 29(3)1671-3532.

［4］Giacomo Scarascia-Mugnozza, Carmela Sica, Giovanni Russo. Plastic materials in European agriculture: actual use and perspectives[J]. Journal of Agricultual Enginner, 2011, 3: 15-28.

［5］Hussain I, Hamid H. Plastics in agriculture. Plastics and the Environment[M]. New York: John Wiley and Sons, 2003: 185.

［6］Carlos Gonz_alez-S_anchez, Alvar Martínez-Aguirre, Beatriz P_erez-García, et al. Use of residual agricultural plastics and cellulose fibers for obtaining sustainable eco-composites prevents waste generation[J]. Journal of Cleaner Production, 2014, 83: 228-237.

［7］陈旺, 杨靖宇, 谢映周, 等. 残膜回收装置及由该装置构成的残膜回收机[J]. 农业工程学报, 2006, 22: 68-74.

［8］王海新, 张学军, 张朝书, 等. 基于国内残膜回收机的研究[J]. 安徽农业科学, 2015, 43(21): 388-389.

［9］王吉奎. 农田残膜回收技术[M]. 陕西: 西北农林科技大学出版社, 2012.

［10］Abdelmouleh M, Boufi S, Belgacem M N, et al. Short natural-fiber reinforced polyethylene and natural rubber composites: effect of saline coupling agents and fibers loading[J]. Compos Sci Technol, 2007, 67: 1627-1639.

［11］Brassoulis D. Analysis of the mechanical and degradation performances of optimized agricultural biodegradable films: Polymer Degradation and Stability[J]. 2007, 92(6): 1115-1132.

［12］Ray Simith. Biodegradable polymers for industrial application[M], Woodhead Publishing,

2005.

［13］Association of Plastics Manufacturers in Europe (Plastics Europe), Plastics the Facts[J].
Brussels, 2011. http://www. plasticseurope.org.

［14］Association of Plastics Manufacturers in Europe (Plastics Europe), Plastics the Facts[J].
Brussels, 2012. http://www. plasticseurope.org.

［15］吴斌娥,洪德林.利马格兰种业集团的发展及其对我国种业的启示[J]. 种子—现代种业
发展论坛, 2015(1): 63-65.